Achtsam leben

SUSANNE SEETHALER

Ausweg aus der Angst

Mit Achtsamkeit
Ängste überwinden

SCORPIO

Susanne Seethaler, erfolgreiche Autorin und als »Zen-Köchin« bekannt geworden, praktiziert seit 13 Jahren intensiv Achtsamkeits- und Vipassanameditation, hat schwerste Ängste am eigenen Leib erfahren und schöpft aus einem großen Erfahrungsschatz. Susanne Seethaler lebt, schreibt und kocht in München.
www.susanneseethaler.de

Wichtige Hinweise
Die angebotenen Übungen und Meditationen in diesem Buch können den Gang zum Therapeuten nicht ersetzen. Danke, dass Sie in eigener Verantwortung prüfen, inwieweit Sie die Anregungen umsetzen möchten, und suchen Sie sich, wenn nötig, professionelle Hilfe. Eine Haftung für die Resultate vonseiten der Autorin bzw. des Verlags und seiner Beauftragten ist ausgeschlossen.
Bei den Geschichten in diesem Buch handelt es sich ausnahmslos um alte, überlieferte Weisheitsgeschichten, deren ursprüngliche Quellen oft nicht mehr ausfindig zu machen sind. Der Verlag bittet ggf. um Nachricht, damit bei einer Nachauflage eine korrekte Quellenangabe erfolgen kann.

FSC
www.fsc.org
MIX
Papier aus verantwortungsvollen Quellen
FSC® C084279

Umschlaggestaltung: Hauptmann & Kompagnie, Werbeagentur Zürich
Layout und Satz: Veronika Preisler, München
Druck und Bindung: Print Consult, München
ISBN 978-3-95803-108-1

www.scorpio-verlag.de

Für Helmut Klein

»Unsere tiefste Angst ist nicht,
dass wir unzulänglich sind.
Unsere tiefste Angst ist, dass wir
unermesslich machtvoll sind.
Es ist unser Licht, das wir fürchten,
nicht unsere Dunkelheit.«

aus: Ein Kurs in Wundern

Inhalt

Einführung

Angst gehört zu unserem Dasein dazu. Wir Menschen sind, genau wie alle anderen fühlenden Wesen auch, fragile und verletzliche Lebewesen, die zwangsläufig im Laufe ihres Lebens immer wieder inneren Nöten sowie äußeren Bedrohungen und Gefahren ausgesetzt sind; wir bleiben weder von Krankheit und Tod noch von unsicheren oder mitunter gar bedrohlichen Lebensumständen verschont. Jeder von uns muss mit Trennungen und mehr oder weniger großen Verlusten leben und sich immer wieder beängstigenden Situationen und Gefühlen stellen und lernen, so gut wie möglich damit umzugehen.

Das Praktizieren von Achtsamkeit ist eine von vielen Antworten auf eine Welt, die manchmal nicht nur im Inneren, sondern auch im Außen immer mehr aus den Fugen zu geraten scheint. Der achtsame Umgang mit überwältigenden Emotionen wie Angst, aber auch Verzweiflung, Wut oder Trauer ermöglicht es uns, auf eine sehr tiefe Weise innerlich frei zu werden, egal wie furchterregend die inneren und äußeren Umstände auch gerade sein mögen.

Laut wissenschaftlichen Studien nehmen Angststörungen in unserer Gesellschaft rapide zu. Dieses Büchlein kann und will zwar keine Therapie – die in manchen Fällen unbedingt notwendig ist – ersetzen, aber es gibt viele begleitende Übungen mit an die Hand, die Ihnen dabei helfen können, aus der Spirale der Angst auszusteigen. Wichtig ist, dass Sie dranbleiben und sich nicht entmutigen lassen, auch wenn sich nicht sofort Ergebnisse einstellen. Die Angst hat sich mitunter über viele Jahre hinweg in Ihr Unterbewusstsein eingegraben, und es braucht Geduld und Mut, sich ihr zu stellen.

Alle Übungen in diesem Buch sind von mir selbst erprobt, und ich bin der lebende Beweis, dass es möglich ist, sich selbst von schwersten Panikattacken zu befreien. Ich wünsche Ihnen alles Gute auf Ihrem Weg.

Das Mädchen im All: Meine persönliche Angst-Geschichte

Die Angst hat mich, mal mehr, mal weniger stark, mein halbes Leben lang begleitet. Als kleines Mädchen war ich schüchtern und ängstlich, und ich flüchtete mich deshalb oft in die Welt der Bücher. Als ich heranwuchs, verbarg ich meine Unsicherheit größtenteils hinter einer lustigen Fassade, doch tief innen quälten mich Versagensängste.

In der Pubertät entwickelte ich neurotische Ängste – ich begann mich vor Krankheiten und unterschiedlichen Tieren zu fürchten –, denen ich mit selbst erfundenen Ritualen Herr zu werden versuchte. Die Folge waren leichte Zwänge, die von meinem Umfeld meist belächelt wurden; meine Angst dahinter wurde übersehen, die innere Not blieb unerkannt.

Im Alter von 21 Jahren rutschte ich in eine Depression, deren Begleiterscheinung Panikattacken waren. Auf Anraten meines Hausarztes begab ich mich in therapeutische Behandlung, die viele Jahre andauern sollte. Danach war ich ein paar Jahre lang beschwerdefrei, doch die Angst hatte sich lediglich in tiefere Schichten meines Unterbewusstseins zurückgezogen. Mit Mitte dreißig kam sie mit aller Wucht zurück. Wie ein Blitz aus heiterem Himmel schlug die Panik wieder zu und ließ mich nicht mehr aus ihren Fängen. Ich war nicht mehr in der Lage, das Haus zu verlassen, konnte nicht mehr arbeiten und saß nächtelang an meinem Küchentisch, weil ich mich vor der Schlaflosigkeit in meinem Bett fürchtete. Ich fühlte mich wie ein kleines, unscheinbares Wesen, das man ins All katapultiert hatte, ohne Verbindung zum Heimatplaneten Erde. Innerlich schrie ich um Hilfe, doch im Vakuum des Weltalls hörte mich niemand.

Innerhalb von sechs Wochen nahm ich zehn Kilo ab und wurde zum Schatten meiner selbst. Ich sah nur noch einen Ausweg: die Selbsteinweisung in eine psychiatrische Kli-

nik. Unterstützt von meiner Schwester und meiner besten Freundin wagte ich diesen Schritt, der mir letztlich das Leben rettete, denn ich war nahe daran, mich umzubringen. Ich verbrachte drei Monate in der Klinik. Mithilfe eines engagierten Therapeutenteams tastete ich mich behutsam an die Wurzeln meiner Ängste heran. Dabei erkannte ich, dass die Panik hauptsächlich aus einer tiefen, inneren Einsamkeit in meiner Kindheit herrührte, die ich als Erwachsene über Jahrzehnte hinweg erfolgreich verdrängt hatte. Langsam lernte ich mithilfe verschiedener Körper- und Gesprächstherapien wieder mit mir selbst und anderen in Kontakt zu treten. Die Panik verschwand und ist bis zum heutigen Tag nicht mehr aufgetaucht.
Der Aufenthalt in der Klinik und die intensive therapeutische Begleitung danach haben es mir ermöglicht, mich aus den krankhaften Klauen der Angst zu befreien, aber erst durch die Praxis der Achtsamkeit, mit der ich ein Jahr nach meinem Klinikaufenthalt erstmals in einem buddhistischen Kloster in Berührung kam, erlangte ich zusätzlich ein tiefes Verständnis darüber, was Angst überhaupt ist und welche Dynamiken sie entwickeln kann – ohne mich darin zu verstricken. Die Angst vor der Angst verlor endgültig ihren Schrecken, und wenn ich jetzt auf meine Vergangenheit zurückblicke, dann sehe ich, dass es eben genau diese Ängste waren, die es mir letztendlich ermöglichten, mich selbst kennenzulernen, um dadurch heute ein erfülltes und glückliches Leben leben zu können.

1

Angst hat viele Gesichter

Die Angst zeigt sich auf ganz verschiedene Arten, und aus evolutionärer Sicht erfüllt sie eine wichtige Funktion: Sie warnt uns vor realen Gefahren. Doch im Laufe der Zeit haben sich vielschichtige Ängste auf der psychologischen Ebene entwickelt, die mit dieser »Urform« der Angst im Grunde nichts mehr oder nur sehr wenig zu tun haben. Wir leiden unter Bindungs- und Beziehungsängsten und haben komplexe Ängste bezüglich Verlusterfahrungen entwickelt.

All diese »modernen« Angstformen kann man grob unterteilen in die folgenden Kategorien. Alle darauf folgenden Kapitel sowie die Übungen in diesem Buch bieten generelle Hilfestellung zu diesen Ängsten an. Allerdings können sie nicht in jedem Fall den Gang zum Therapeuten ersetzen – und wollen das auch nicht.

Formen der Angst

Nur die Ruhe in uns selbst
lässt uns sorglos zu neuen Ufern treiben.
Adalbert Stifter

Phobien und neurotische Ängste

Diese beiden Ängste haben eines gemeinsam: die Angst vor dem Kontrollverlust.
Unter Phobien versteht man übersteigerte Ängste vor Dingen und Situationen, wie zum Beispiel die Angst vor Spinnen oder Platz- und Flugangst. Die am weitesten verbreiteten Phobien sind die Agoraphobie, sprich die Angst vor großen Plätzen, Menschenansammlungen oder beispielsweise vor langen Reisen – also Situationen, wo man nicht flüchten kann –, und die sogenannte soziale Phobie, unter der Menschen leiden, wenn sie sich davor fürchten, im Mittelpunkt zu stehen, beispielsweise bei einer Vorstellungsrunde in einer Gruppe oder bei einem gemeinsamen Essen, und sich dabei zu blamieren.
In die Kategorie der neurotischen Ängste fällt beispielsweise die Angst vor einer eingebildeten Gefahr, wie zum Beispiel die Angst, schwer krank zu

sein, die in manchen Fällen sogar zu Zwängen – wie häufiges Händewaschen usw. – führen kann. Phobien und neurotische Ängste werden häufig in einem Atemzug genannt. Wer unter diesen Formen von Angst leidet, überträgt unterbewusst alte, bedrohliche Erfahrungen aus der Vergangenheit, die nicht verarbeitet wurden, auf eine Begebenheit in der Jetztzeit, die mit der eigentlichen Situation von damals gar nichts zu tun haben muss, und kleidet sie in eine »überhöhte« Angst.

Panikattacken

Eine Panikattacke wird von Menschen, die sie erleben, auch oft als »Angst aus heiterem Himmel« beschrieben. Panikattacken gehen häufig mit Depressionen einher und beherrschen nicht selten den kompletten Alltag der Betroffenen. Kennzeichen von Panikattacken sind starke körperliche Symptome wie Zittern, Schwindel, Schweiß und Herzrasen, aber auch seelische Beschwerden wie das Gefühl der Bodenlosigkeit und Todesangst. Aus meiner eigenen Geschichte weiß ich, dass Menschen, denen das Urvertrauen ins Leben fehlt, ein erhöhtes Risiko haben, an Panikattacken zu erkranken, doch das ist wohl nur ein Aspekt dieser komplexen Angststörung.

Existenzangst

Unter Existenzangst fällt nicht nur die Angst vor materieller Verarmung, sondern auch die versteckte Angst vor dem Leben an sich. »Normale« Existenzangst begleitet viele Menschen: Wir machen uns Sorgen, den Job zu verlieren, die Miete nicht mehr bezahlen zu können oder im Alter nicht versorgt zu sein. Übersteigerte Existenzangst führt zu dem Versuch, den Alltag immer mehr zu kontrollieren, wodurch Stress und Furcht vor der Unberechenbarkeit des Lebens entstehen. Wir verlieren unsere Lebendigkeit, haben Angst, Entscheidungen zu treffen – und seien sie auch noch so banal –, und geraten in ein starres Korsett aus Arbeit und dem stetigen Versuch, vermeintliche Sicherheiten aufzubauen.

Verselbstständigen sich die Sorgen, beispielsweise um die Angehörigen oder um den Job, und weitet sich die Angst auf alle Lebensbereiche aus, dann spricht man von einer sogenannten »generalisierten Angststörung«. Menschen, die darunter leiden, springen von einer Sorge zur nächsten und kommen innerlich überhaupt nicht mehr zur Ruhe.

Verborgene Ängste

Verborgene Ängste kommen in vielen Gewändern daher. Gerade bei Menschen, die behaupten, keine Angst zu haben, verstecken sich in den Tiefen der Seele oftmals Ängste, die nicht gesehen werden wollen oder die zu bedrohlich erscheinen, um sich aktiv mit ihnen auseinanderzusetzen.

Extremsportler, »Draufgänger« aller Art, aber auch cholerische und aggressive Menschen leiden häufig, meist ohne es zu wissen bzw. zu fühlen, unter verdrängten Ängsten aus der Kindheit. Im Erwachsenenalter wird die Angst dann kompensiert und ins Gegenteil umgewandelt. Das passiert auf unbewussten Wegen und scheint mitunter die einzig mögliche Überlebensstrategie des ehemals verängstigten Kindes zu sein.

Verborgene Ängste müssen behutsam und geduldig an die Oberfläche gebracht werden.

Den Angstkreislauf verstehen

Stürze dich in die erhabenen Meere,
tauche tief in sie hinab
und schwimme weit hinaus,
damit du mit Selbstachtung, mit neuer Kraft
und mit mehr Erfahrung zurückkommen mögest.
Ralph Waldo Emerson

Für alle oben aufgeführten Arten von Angst gilt: ***Je früher Sie etwas in Bezug auf Ihre Ängste unternehmen, desto weniger laufen Sie Gefahr, dass sich diese verfestigen bzw. chronisch werden. Suchen Sie sich also bereits bei beginnenden Ängsten Unterstützung, beispielsweise in Form von Therapie. Denn je mehr Sie versuchen, Angst zu vermeiden, desto größer wird die Angst vor der Angst.*** Aus eigener Erfahrung weiß ich, dass gerade bei starken Ängsten die Scham groß ist, um Hilfe zu bitten. Wenn Sie aber mithilfe liebevoller professioneller Hilfe erfahren, dass Sie NICHT an dieser Angst sterben werden und dass Sie Ihre Gefühle in all ihrer Heftigkeit erleben können, ohne dass etwas Schlimmes passiert und ohne dass Sie verrückt werden, dann ist der erste, wesentliche Schritt raus aus der Angstspirale getan.

Für alle, die an Ängsten leiden, ist es wichtig zu verstehen, wie sich die Dynamik einer solchen Angstspirale entwickelt und wie die Angst bzw. die Angstattacke durch die sogenannte »Erwartungsangst« immer wieder neu gespeist und dadurch verstärkt wird. Die nachstehende Grafik macht diesen Kreislauf sichtbar.

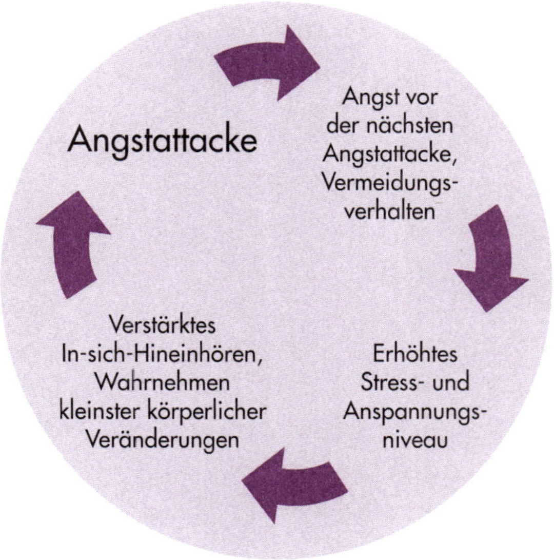

Achtsamkeit ist ein Weg, mit dem Sie diesen Kreislauf verlassen können.

2

Achtsam mit der Angst umgehen

Achtsamkeit bedeutet, sich ganz und gar auf den gegenwärtigen Moment einzulassen, ohne ihn zu bewerten oder ihn verändern zu wollen. Wenn wir aber Angst haben, dann wollen wir uns in der Regel nicht auf dieses schreckliche Gefühl einlassen, sondern im Gegenteil, wir würden am liebsten davonlaufen.

Dieses Kapitel zeigt mit ganz einfachen Übungen, Anregungen und Weisheitsgeschichten auf, wie wir, zum Beispiel durch das achtsame Beobachten des Atems oder mithilfe der Gehmeditation, auch in schwierigen emotionalen Momenten im wahrsten Sinne des Wortes »dabeibleiben können«, ohne uns zu verlieren.

Die Achtsamkeit hilft uns, das, was gerade da ist oder in diesem Augenblick geschieht – und sei es noch so unangenehm –, ruhig und bewusst zu betrachten.

Von Atemzug zu Atemzug

Den Puls des eigenen Herzens spüren.
Ruhe im inneren, Ruhe im Äußeren.
Wieder Atem holen lernen, das ist es.
Christian Morgenstern

Das »richtige« Atmen hat bei der therapeutischen Behandlung von Angsterkrankungen, neben der psychologischen Betreuung, eine große Bedeutung. Es gibt verschiedenste Atemtechniken, die dabei helfen können, akute Angst schnell in den Griff zu bekommen. Schon allein unser Sprachgebrauch weist auf die heilende Kraft des Atems in Bezug auf Angst und Schrecken hin: »Erst einmal tief durchatmen!«, sagt der Volksmund, wenn uns der Schreck in die Glieder gefahren ist. Ein guter Ratschlag, denn wenn wir Angst haben, atmen wir in der Regel deutlich flacher und auch sehr viel schneller als normal. Wir bekommen weniger Luft. Beim achtsamen Atmen hingegen lassen wir den Atemfluss so, wie er ist, und begleiten ihn dabei offen und zugewandt mit unserer Aufmerksamkeit. Das heißt, dass wir uns von Atemzug zu Atemzug bewusst machen, wie sich das Atmen gerade anfühlt, ohne aktiv in das Geschehen einzugreifen.

Bei akuten Angstzuständen kann es ratsam sein, erst einmal auf eine erlernte Atemtechnik zurückzugreifen, falls Sie eine solche kennen, damit sich die aufgewühlte Seele zusammen mit dem Körpersystem wieder beruhigen kann. Lässt die Angst dann langsam nach, können Sie zum achtsamen Atmen übergehen. Meiner persönlichen Erfahrung nach hilft in vielen Angstsituationen – sogar bei heftigen Panikattacken – eine über einen längeren Zeitraum konsequent praktizierte Achtsamkeitspraxis, die hauptsächlich auf den Atem ausgerichtet ist, auch ohne speziell eingeübte Atemtechniken. Die Achtsamkeit wirkt dabei wie eine beschützende Mutter, die ihr ängstliches Kind in den Armen hält und wachsam alle Körperreaktionen und Gefühlsregungen beobachtet, um notfalls besonnen handeln zu können.
Die Mutter weiß im Grunde ihres Herzens ganz genau, dass ihr Kind lediglich ihrer uneingeschränkten Liebe bedarf, um sich zu beruhigen und die Angst zu besiegen.
Achtsamkeit weckt die Liebe zu uns selbst, denn zwei ihrer Haupteigenschaften sind Mitgefühl und Klarsicht. Das achtsame Beobachten des Atmens während oder nach einer beängstigenden Situation lässt uns eine klare und dennoch mitfühlende Haltung zum Geschehen bewahren.

ÜBUNG

Die Basis: Achtsam atmen

Betrachten Sie die folgende Übung zunächst als vorbeugende Maßnahme für den Notfall, und versuchen Sie, sie so oft wie möglich – und sei es nur für ein paar Atemzüge – zu wiederholen. Achtsames Atmen kann man überall praktizieren: im Bus, im Auto, im Büro, am Herd, bei den Hausarbeiten oder auf dem Fahrrad. Zu Beginn empfiehlt es sich aber, zu Hause an einem ruhigen Platz zu üben. Der Konzentration auf den Fluss des Atems sind räumlich und zeitlich keine Grenzen gesteckt, und es genügt vollkommen, wenn Sie sich jeweils nur für ein paar wenige Atemzüge auf das Ein- und Ausatmen ausrichten. Der Geist lernt schnell und speichert Erfahrungen, die sich häufig wiederholen, ab. Irgendwann wird er Sie von selbst immer wieder an das achtsame Wahrnehmen des Atmens erinnern.

Begeben Sie sich nun in eine sitzende Haltung, das kann klassisch auf einem Meditationskissen sein, aber auch auf einem Stuhl. Wichtig ist, dass Sie aufrecht, aber bequem sitzen.
Schließen Sie die Augen und lenken Sie den Fokus auf Ihre Bauchdecke. Beobachten Sie das Heben und Senken der Bauchdecke, *ohne* sich aktiv einzumischen. Ich weise Sie an dieser Stelle bewusst darauf hin, denn in der Regel »mischt« sich selbst bei solch einer simplen Aufgabe wie dem passiven Beobachten des Atems der Geist ein, um

Anweisungen zu geben oder um sich mit positiven oder negativen Kommentaren wichtigzumachen. Es kann also durchaus sein, und sei es nur ganz leise, dass sich schon beim ersten oder zweiten Heben bzw. Senken eine innere Stimme meldet und sagt: »Das machst du nicht richtig, du musst tiefer atmen!« oder »Das fühlt sich so kurzatmig an, da stimmt doch was nicht!« oder »Ich bin echt spitze, ich kann das richtig gut!« … und schon befinden Sie sich mitten in Ihrer Gedankenwelt und nicht mehr beim Atmen. Diese innere Stimme bewirkt, dass sich der Atem, oft nur auf einer sehr subtilen Ebene, unnatürlich verändert, sodass er nicht mehr frei fließen kann. Am Anfang wird Ihnen das sicher öfter passieren, aber mit ein bisschen Übung legt sich das nach und nach. Wichtig zu Beginn ist lediglich, dass Sie wachsam genug sind, um überhaupt zu bemerken, wie Ihr Geist bzw. der Verstand versucht, die Oberhand zu gewinnen. Halten Sie dann gedanklich nicht dagegen, sondern wenden Sie sich einfach wieder dem Heben und Senken Ihrer Bauchdecke zu.

Wenn wir achtsam ein Geschehen oder eine Erfahrung betrachten, ohne etwas verändern zu wollen, dann sind wir mit all unseren Sinnen dabei. Wir beobachten das Ganze nicht wie unter einer grellen OP-Lampe, deren kalter Lichtkegel aus einer größeren Distanz die Szenerie beleuchtet, sondern wir sind ganz nah am Objekt dran. Wir durchdringen es geradezu mit unseren Fähigkeiten zu fühlen, zu schmecken, zu tasten, zu riechen und zu sehen. Fühlen Sie also bei jedem Einatmen genau hin: Spüren Sie, wie sich die Bauchdecke ausdehnt und hebt, und

hören Sie die Atemgeräusche, die dabei an und in Ihrer Nase entstehen. Untersuchen Sie den Ablauf des Einatmens wie eine Entdeckerin oder wie ein Wissenschaftler, der ganz von seinem Forschungsobjekt absorbiert und begeistert ist. Wie fühlt sich der Prozess des Hebens und Dehnens der Bauchdecke genau an? Sind währenddessen auch andere Körperteile in Bewegung? Ist es jeweils eine einzige, fließende Bewegung der Bauchdecke oder sind es viele kleine, ruckartige? Können Sie erkennen, wann das Einatmen beendet ist und das Ausatmen beginnt? Wie fühlt sich die Atmung heute im Vergleich zu gestern an? Welche Gefühle und anderen Körperempfindungen gehen damit einher? Erkunden Sie das Ausatmen auf die gleiche Weise. Sie werden feststellen, dass sich Ihnen mit dieser Art des Beobachtens ein ganzes Universum an neuen Erfahrungen offenbart.
Später können Sie dieses achtsame Betrachten auch auf Ihre Ängste und auf andere Gefühle und Erfahrungen ausdehnen.

Wenn Sie beginnen, die Angst genauso neugierig und offen zu beobachten, dann wird sie zum Forschungsobjekt werden und langsam, aber stetig ihren Schrecken verlieren: Wo genau fühle ich die Angst im Körper? Wird mir heiß, kalt oder gar schwindelig? Welche Gedanken tauchen dazu auf? Bekomme ich Herzrasen? Wie fühlt sich kalter Schweiß auf der Haut an? All diese Fragen helfen dabei, dass die Angst ein Gesicht bekommt, das Ihnen nach und nach immer vertrauter wird.

> Der Atem tritt aus dem Schatten heraus in das warme Licht der Achtsamkeit und wird dort liebevoll empfangen – das Gleiche gilt auch für die Angst.

Es ist wichtig zu wissen, dass es während des Beobachtens des Atems bei Menschen, die an akuten Angsterkrankungen leiden, vorübergehend verstärkt zu Angst kommen kann. Meditation bewirkt ein tiefes Entspannen, kann aber gerade auch deswegen alte, nicht verarbeitete Gefühle freisetzen. Falls Sie also während einer Übung bemerken, dass Furcht oder Panik in einem Maße aufsteigen, das es Ihnen unmöglich macht, sich weiter auf die Übung zu konzentrieren, öffnen Sie die Augen und blicken Sie sich gezielt im Raum um. Atmen Sie mehrmals kräftig durch und stehen Sie, wenn nötig, kurz auf. Stellen Sie sich aufrecht hin und fokussieren Sie sich auf Ihre Füße, die fest auf dem Boden stehen. Stellen Sie sich vor, wie Ihre Fußsohlen regelrecht im Boden Wurzeln schlagen – kein Sturm kann diesen Baum umwerfen.

ÜBUNG

Die Rettungsweste

Diese Übung stammt in ihrer ursprünglichen Fassung von Thich Nhat Hanh, einem berühmten vietnamesischen Zenmeister, in dessen Lehren die Achtsamkeit einen hohen Stellenwert einnimmt. Für Thich Nhat Hanh ist das Praktizieren von Achtsamkeit nicht nur auf das regungslose Sitzen auf einem Meditationskissen oder auf den Fluss des Atems beschränkt, seine Übungen sind alltagstauglich, überall anwendbar und sowohl auf Körper und Geist als auch auf seelische Belange und Befindlichkeiten ausgerichtet. In Zeiten größter Not hinsichtlich meiner eigenen Panikattacken hat mich diese, von mir leicht abgewandelte Form der Übung buchstäblich über Wasser gehalten.

Um ein Gefühl für die Übung entwickeln zu können, damit sie später im Ernstfall, sprich in einer akuten Angstsituation, sofort abrufbar ist, praktizieren wir sie zunächst quasi als »Trockenübung«, indem wir lediglich versuchen, uns eine furchteinflößende Begebenheit mit ihren begleitenden Gefühlen und Empfindungen im Körper vorzustellen. Wir warten also nicht ab, bis wir einen realen Angstmoment erleben.

Begeben Sie sich dafür in eine sitzende Position. Das kann eine klassische Sitzhaltung auf dem Meditationskissen sein oder ganz normal auf einem Stuhl. Wichtig dabei ist vor allem, dass die Wirbelsäule aufgerichtet ist, denn das verleiht Ihnen ein Gefühl von Halt und Stabilität. Es ist hilfreich, sich, bevor Sie mit der Übung beginnen, den folgenden Text zunächst einmal komplett durchzulesen.

Gedanken und Gefühle kommen und gehen. Meistens bedingen sie einander: Auf einen Gedanken folgt ein Gefühl und umgekehrt. Manche Gedanken und die dazugehörigen Emotionen ziehen wie Wolken am Himmel vorbei, ohne dass sie nennenswerte Spuren in unserem Herzen hinterlassen. Manchmal haben wir jedoch das Gefühl, regelrecht von Wut, Verzweiflung oder eben Angst überwältigt zu werden, und vor allem die Angst bzw. Panik kann einem das Gefühl vermitteln, von einem Tsunami verschlungen zu werden.
Schließen Sie die Augen und versuchen Sie sich eine typische Situation zu vergegenwärtigen, in der Sie normalerweise Angst verspüren. Gehen Sie dabei behutsam und freundlich mit sich um. Wenn Sie beispielsweise an Panikattacken leiden, dann wissen Sie sehr genau, wie bodenlos sich Angst anfühlen kann. Das reine Wissen darüber reicht vollkommen aus, um im Folgenden damit zu arbeiten und ein Gefühl für die Übung zu bekommen. Sie DÜRFEN sich schützen und müssen sich NICHT künstlich in die Panik hineinbegeben! Spüren Sie genau hin, was Ihnen im Moment guttut! Das gilt übrigens für jede Übung in diesem Buch – ebenso wie für das tägliche Leben an sich.
Stellen Sie sich nun vor, wie die Angst ihre Wellen durch Ihren Körper jagt. Vielleicht spüren Sie sie ja jetzt gerade tatsächlich. Wenn dies der Fall ist, dann versuchen Sie ruhig zu bleiben und trotzdem mit der Übung fortzufah-

ren; dafür ist sie schließlich da. Lenken Sie die Aufmerksamkeit auf Ihren Bauch. Atmen Sie tief und regelmäßig ein und aus und beobachten Sie dabei das Heben und Senken der Bauchdecke. Stellen Sie sich vor, wie jede einzelne Angstwelle von Ihren ruhigen Atemzügen begleitet wird. Der stete, unaufgeregte Atemfluss ermöglicht es Ihnen, die Wellen zu fühlen und gleichzeitig auf ihnen zu schwimmen, ohne in die Tiefe gezogen zu werden. Das Beobachten des Atems ist dabei wie das Tragen einer Rettungsweste in einem aufgewühlten Meer voller verborgener Gefahren oder vielleicht sogar Seeungeheuer aus längst vergangenen Kindertagen, das Ihnen dabei hilft, sicher an der Oberfläche zu bleiben, ohne die Angst verdrängen zu müssen.

Visualisieren Sie diese Rettungsweste wie einen realen Gegenstand vor Ihrem inneren Auge, während Sie weiter bewusst und regelmäßig atmen. Falls die Angst Sie in Form einer besonders großen, wuchtigen Welle zu übermannen droht und Sie die Konzentration auf den Atem verlieren, dann machen Sie sich bewusst, dass es die Natur einer jeden Welle ist, nach dem Auftürmen wieder in sich zusammenzufallen. Ihre Rettungsweste wird Sie sicher über den Wellenkamm tragen, darauf können Sie vertrauen. Genau wie es sich mit der Welle im Ozean verhält, ist es auch mit der Angst – und allen anderen heftigen Gefühlen: Sie kommt, erreicht ihren Höhepunkt und verschwindet wieder.

Verweilen Sie so lange in dieser Übung, bis sich die Wellen geglättet haben bzw. sich die Angst verflüchtigt hat.

Alles ist vergänglich – auch die Angst

James Baraz, mein amerikanischer Meditationslehrer, erzählte einmal von einer Schülerin, die über viele Jahre hinweg an schweren Depressionen litt. Als sie nach etlichen Therapieerfahrungen zu James kam, um ergänzend meditieren zu lernen, war sie sehr verzweifelt und hatte kaum mehr Hoffnung, dass sich an ihrer leidvollen Situation jemals etwas ändern könnte. Doch mithilfe des achtsamen Beobachtens ihrer Gefühle und Stimmungen stellte sie mit der Zeit fest, dass es selbst in den dunkelsten Phasen der Depression immer wieder auch Momente des Lichts gab. Durch das genaue Hinsehen und Spüren – und mithilfe des Atems, der sie in der stürmischen See ihrer Emotionen zuverlässig stabilisierte – erkannte sie, dass es winzige Pausen inmitten ihrer Depression gab. Ihre Angst vor diesem dunklen Loch wurde aufgrund dieser Erkenntnis kleiner, und mit Fortschreiten der Praxis wurden auch die Pausen in ihrer Depression immer größer.

Wenn wir also lernen, tief zu schauen, dann erkennen wir, dass alles kommt und geht und dass auch die schlimmste Angst der Vergänglichkeit unterliegt.

Mit der Zeit erkennen wir nicht nur den steten Wandel, der allem zugrunde liegt, sondern auch unsere Muster und eingefleischten Konditionierungen, die unser Leben mitunter stark beeinträchtigen. Wir vergessen dabei oft, dass wir stets auch die Wahl haben, welche Gedankengänge und Verhaltensweisen wir ausbauen und verstärken wollen und welche nicht.

Zwei Wölfe

Ein junger und ein alter Indianer sitzen auf einem Hügel und schauen schweigend in die Weite. Nach einer Weile seufzt der Alte und sagt nachdenklich: »Weißt du, mein Junge, solange ich denken kann, kämpfen in mir zwei Wölfe um die Vorherrschaft. Der eine ist schwarz, grimmig und gefährlich, der andere hat ein weißes Fell und sein Charakter ist stark und edelmütig.«
»Und welcher von den beiden wird gewinnen?«, fragt der Jüngere.
Der alte Indianer überlegt lange, bevor er antwortet: »Ohne Zweifel der, den ich nähre«, sagt er schließlich und lacht.

Nähre das Heilsame in dir!

Das Gedankenkarussell verlassen

Lassen Sie Ihre negativen Gedanken
durch Ihren Geist ziehen,
so wie Wolken durch die Leere
des Himmels ziehen.
Jack Kornfield

Ich kann mich noch sehr lebhaft an die Zeiten meiner schlimmsten Panikattacken erinnern, obwohl seitdem schon mehr als zehn Jahre vergangen sind. Das Schrecklichste an diesem furchteinflößenden Zustand war damals aber nicht die Panik an sich, sondern – und vielleicht kennen Sie das ja auch aus eigener, leidvoller Erfahrung – die Angst vor der Angst. Kaum war eine Attacke vorbei, begann ich mich vor der nächsten zu fürchten. Ich befand mich dadurch permanent auf einer Art Lauer vor der nächsten Angstwelle, die mich zu verschlucken drohte, sodass ich innerlich überhaupt nicht mehr zur Ruhe kam. Durch diesen hohen Stress-Level, der vor allem von meinen dunklen, negativen Gedanken rund um die Angst genährt wurde, war die nächste Panikattacke quasi schon vorprogrammiert. Ein Teufelskreis hatte begonnen, aber damals wusste ich noch nicht, dass es verhaltenstherapeutische Ansätze, Achtsamkeitsmeditationen und Übungen – wie beispielsweise die folgende – gibt, um aus diesem Gedankenkarussell auszusteigen.

ÜBUNG

Bühne frei! Raus aus dem Gedankenkarussell

Diese Übung hat mir einer meiner Meditationslehrer beigebracht, und ich bin fest davon überzeugt, dass sie, neben meiner intensiven therapeutischen Behandlung, maßgeblich dazu beigetragen hat, dass ich hinsichtlich Panikattacken heute vollkommen beschwerdefrei bin.

Begeben Sie sich in eine aufrechte, aber bequeme Sitzhaltung. Das kann auf einem Stuhl, in einem Sessel oder ganz traditionell auf einem Meditationskissen sein. Schließen Sie die Augen und atmen Sie zwei-, dreimal kräftig und bewusst durch. Atmen Sie dabei mit geschlossenem Mund durch die Nase ein und mit einem hörbaren Luftstrom durch den geöffneten Mund wieder aus. Stellen Sie sich vor, wie Sie sich dabei regelrecht in Ihrem Körper niederlassen und verankern. Lassen Sie dann den Atemfluss ruhiger werden, indem Sie die Aufmerksamkeit auf Ihre Bauchdecke lenken und ihr regelmäßiges Heben und Senken beobachten.

Lassen Sie nun im zweiten Schritt der Übung vor Ihrem inneren Auge einen Theaterraum mit Sitzreihen und einer Bühne entstehen und stellen Sie sich vor, dass Sie auf einem der Stühle bereits Platz genommen haben. Das Theater ist bis auf Sie selbst leer.
Jetzt hebt sich der Vorhang und das Programm beginnt, doch statt eines lustigen oder tiefsinnigen Abends, auf den Sie sich schon gefreut haben, entfaltet sich vor Ihren Augen ein unerträgliches Drama. Das Stück ist schlecht inszeniert, das Bühnenbild schrecklich und die Schauspieler schreien sich nur an. Was tun Sie? Sie stehen sofort auf und gehen!
Ein Schauspiel ist nur so lange ein Schauspiel, wie es Zuschauer hat. Das Gleiche gilt auch für Ihr inneres Drama: Solange Sie den Ängsten auf der Bühne Ihres Lebens die volle Aufmerksamkeit schenken, werden diese weiter spielen, denn sie leben davon. Mir ist klar, dass das leicht gesagt ist, gerade bei sehr tief sitzenden Ängsten. Doch aus eigener Erfahrung weiß ich, dass darin der Schlüssel für ein befreites, furchtloses Leben steckt, denn wir schenken unserem Gedankenkarussell und den damit einhergehenden Gefühlen, egal worum es sich bei jedem Einzelnen von uns dabei auch dreht, in der Regel viel zu viel Beachtung.
Stehen Sie also jetzt im übertragenen Sinne auf und gehen Sie, indem Sie sich zum Beispiel auf den Atem oder auf eine schöne Erinnerung fokussieren oder sich anderweitig ablenken. Alte Glaubenssätze, denen Sie beispielsweise mithilfe eines Therapeuten auf die Schliche kommen können, haben Sie schon viel zu lange in Ihrem Sitz gehalten,

doch in Wahrheit zwingt Sie niemand zu bleiben. Sie *sind frei* zu gehen. Sie müssen das Stück nicht analysieren oder bis zum bitteren Ende bleiben, weil es der Anstand von Ihnen verlangt. Sie *dürfen* den Ängsten den Rücken kehren.

Ich selbst habe mit meinen eigenen Angst-Theaterstücken ein bisschen herumexperimentieren müssen, bis ich so weit war, dass mich die Schauspieler, also meine Ängste und die dazugehörigen Gedanken, nicht auch noch von der Bühne hinunter und hinaus auf die Straße verfolgten. Am besten hat Folgendes funktioniert: Ich sah mir das Stück ein paar Minuten lang an, um den Ängsten eine Chance zu geben, sich zu zeigen – sie sind schließlich stolz darauf, auf der Bühne zu stehen. Wenn ich dann aber merkte, dass mich das Ganze emotional zu überrollen drohte, rief ich innerlich laut und deutlich *Stopp* und *Vielen Dank,* dann stand ich ohne zu zögern auf und verließ den Raum. Das muss zügig gehen, denn Schauspieler sind in der Regel eitel. Sie wollen einen von ihrer Kunst überzeugen, damit sie nicht vor leeren Sitzreihen spielen müssen, weil sonst das Stück früher oder später abgesetzt wird.

Um das Gedankenkarussell wirklich dauerhaft zum Stehen zu bringen, ist es zum einen hilfreich, sich Tätigkeiten zu suchen, die Sie erfüllen und glücklich machen. Suchen Sie sich ein Hobby oder ein neues Interessengebiet, das Sie auf positive

Weise gefangen nimmt. Das klingt zwar banal, kann aber tatsächlich viel bewirken. In einem ausgefüllten Leben können Ängste schlechter Fuß fassen.

Zum anderen ist es auch wichtig, sich die Gedanken, die das Karussell am Laufen halten, ernsthaft anzusehen. Auf der folgenden Leerseite haben Sie die Gelegenheit, Ihre negativen und stressbesetzten Gedankengänge zu Papier zu bringen, um sie dadurch genauer unter die Lupe zu nehmen und zu reflektieren. Stellen Sie sich dabei Fragen wie:

- Ist dieser Gedanke wirklich wahr?
- Woher kommt er?
- Was nährt ihn?
- Kann ich auf manche Gedanken tatsächlich verzichten und wie fühle ich mich dabei?

Mein persönliches Gedankenkarussell

Loslassen statt festhalten

Wir Menschen neigen dazu, Dinge und Erfahrungen festhalten zu wollen, obwohl wir wissen, dass wir das nicht können und dass alles, wirklich alles der Vergänglichkeit unterworfen ist. Eigenartigerweise halten wir oft sogar an den unschönen Dingen des Lebens fest, zum Beispiel an Ängsten, alten Geschichten oder an unglücklichen Beziehungen, obwohl wir ganz genau wissen, dass uns das gar nicht guttut. Wenn wir, sei es mithilfe von Achtsamkeit, Therapie oder anderer Unterstützung, lernen loszulassen, um dem Leben zu gestatten, wieder frei zu fließen, dann eröffnet sich uns eine ganz neue, wunderbare Welt, die nur darauf wartet, von uns entdeckt zu werden.

Der Antiquitätenhändler

In einer großen Stadt lebte einst ein Antiquitätenhändler, der für seine seltenen Schätze weit über die Stadtgrenzen hinaus bekannt war. Sein riesiges, mehrstöckiges Haus war bis in die letzten Winkel mit wertvollen Kunstgegenständen vollgestopft. In der Stadt munkelte man, dass der alte, etwas schrullig wirkende Mann sogar mehr als hundert Zimmer mit seinen Waren angefüllt hatte und dass er deswegen auch nie ans Heiraten gedacht hatte, denn es gab in seinem Haus buchstäblich keinen Platz für eine

Frau. Und in der Tat gab es für den Antiquitätenhändler nichts Schöneres als ein Leben inmitten all dieser leblosen Gegenstände.
Leere Stellen in seinen Räumen konnte er kaum aushalten und zog, sobald er etwas verkauft hatte, immer sofort los, um in Antiquitätenläden und auf Trödelmärkten in der Umgebung nach etwas Kostbarem zu suchen, das die entstandene Lücke zu Hause füllen konnte. Eines Tages befand er sich deswegen gerade in einem antiken Buchladen ein paar Straßen weiter, als er plötzlich durch das Schaufenster über den Dächern eine dicke Rauchsäule aufsteigen sah. Eine schreckliche Vorahnung befiel ihn und er lief los, so schnell er konnte. Als er bei seinem Haus ankam, wurden seine schlimmsten Befürchtungen wahr – es brannte lichterloh! Er schrie und rannte in das brennende Inferno, um wenigstens ein paar Dinge zu retten, doch Hitze und Rauch schlugen ihm wie eine Wand entgegen und er verlor das Bewusstsein.
Im Krankenhaus kam der Antiquitätenhändler wieder zu sich. Er hatte sich zwar eine schwere Rauchvergiftung, aber wie durch ein Wunder nur ein paar leichtere Verbrennungen zugezogen. Als er die Augen aufschlug, sah er, dass neben seinem Bett auf dem Boden einige seiner Habseligkeiten lagen – das wenige, das die Feuerwehrmänner aus den Flammen hatten retten können. Sein erster Gedanke war, zu seinem Haus zu gehen, um herauszufinden, ob sich noch mehr in den Trümmern finden ließ.

Also zog er sich heimlich an, um sich auf wackeligen Beinen auf den Weg zu machen.
Als er endlich bei den immer noch qualmenden Ruinen seiner einstigen Wohnstatt ankam, erkannte er auf einen Blick, dass alles verloren war. Zitternd kletterte er über ein paar Trümmer und stand schließlich genau in der Mitte seines ehemaligen Hauses. Über ihm spannte sich ein endlos blauer Himmel, als wäre nichts geschehen. Da breitete er mit einem tiefen Atemzug die Arme aus und es schien ihm, als würde ihm eine unendlich schwere Last von den Schultern fallen. Eine bis dahin nie gefühlte Freiheit erfüllte sein Herz.
Schließlich ging er ins Krankenhaus zurück, sammelte alle geretteten Gegenstände ein und trug sie zurück zu den Ruinen. Aus der schwelenden Glut entfachte er ein neues Feuer und verbrannte darin auch den Rest seines Besitzes.
»Es ist vollbracht!«, sagte er leise zu sich selbst, dann drehte er sich um und verließ leichten Schrittes sein altes Leben. Er wurde nie wieder gesehen.

Phobien oder generell Angstzustände können unser Leben enorm einschränken. Das führt bei manchen Menschen so weit, dass sie das Haus nicht mehr verlassen können. Die folgende kleine Übung kann Ihnen vor allem bei Alltagsphobien, wie zum

Beispiel Platz- oder Höhenangst, helfen, den Fokus weg von der Angst auf das eigentliche Ziel zu lenken: nämlich die gegenwärtige Situation zu meistern, ohne panisch zu werden. Aber auch bei anderen Formen der Angst, beispielsweise während einer akuten Panikattacke, kann Ihnen diese Visualisierung dabei helfen, aus dem Strom der negativen Gedanken auszusteigen und damit der Panik den Nährboden zu entziehen.

ÜBUNG

Am Flughafen

Stellen Sie sich, zunächst wieder als eine Art »Trockenübung«, eine typische Angstsituation in Ihrem Leben vor (ich werde im Folgenden die Platzangst im Fahrstuhl als Beispiel nehmen).

Ein Mensch, der an Klaustrophobie in Bezug auf Fahrstühle leidet, meidet natürlich Aufzüge, wo es nur geht, aber hin und wieder bleibt ihm keine andere Wahl, als einen zu benutzen. Bereits beim Betreten der engen Kabine, mitunter auch schon davor, setzen dann in den meisten Fällen unangenehme Körperempfindungen ein, wie Schwitzen, schnelles Atmen und ein Schwindelgefühl, die sich beim Schließen der Türen verstärken – Panik kommt auf. Normalerweise werden gleichzeitig »passende« Gedanken vom Gehirn ins Bewusstsein eingespielt, die diese Angst nähren und ihr Zunder geben. Ein Teufelskreis aus Körperreaktionen und Gedankenkarussell setzt ein, die betroffene Person befindet sich fest in den Fängen ihrer Phobie.

In solch akuten Notsituationen kann man sich mit einem visuellen »Gegenszenario« behelfen, das die Gedanken im Kopf auf Abstand hält. Die Flughafen-Übung wird auch gelegentlich in der klassischen Meditation verwendet, wenn der Geist nicht zur Ruhe kommen mag und der Meditierende dadurch regelrecht unter dem Beschuss von Gedanken steht.

In dem Moment, wo sich die ersten Angstsymptome zeigen, stellen Sie sich vor, dass Sie sich nicht im Aufzug, sondern in der Abflughalle eines Flughafens befinden. Ihr Flug wurde bereits aufgerufen und Sie müssen sich beeilen, um rechtzeitig das Gate zu erreichen. Die Abflughalle ist voller Menschen und es ist schwierig, sich durch die Menge zu schlängeln. Hinzu kommt, dass manche Leute Sie anrempeln, weil sie es selbst eilig haben. Andere Menschen sind Ihnen bekannt, vielleicht sind sogar Freunde darunter. Sie winken Ihnen zu, um Aufmerksamkeit zu erregen, und fordern Sie auf, für ein kurzes Gespräch bei Ihnen stehen zu bleiben. Aber Ihr Fokus bleibt fest auf das Gate gerichtet, das Sie unbedingt erreichen müssen, sonst ist der Flieger weg. Also schütteln Sie die drängenden Hände und Stimmen ab und laufen weiter.

All die Leute in dieser Halle, ob sie nun etwas von Ihnen wollen oder nicht, symbolisieren die Gedanken in Ihrem Kopf. Wobei die Menschen, die Sie bedrängen, an Ihnen

zupfen und zerren oder die anderweitig versuchen, Ihre Aufmerksamkeit zu erregen, besonders für jene Gedanken stehen, die in einer Angstsituation auftauchen, um Sie davon zu überzeugen, dass die Panik im Aufzug berechtigt ist. Das Fokussieren auf ein »neutrales« Ziel hilft Ihnen dann, diesen destruktiven Gedanken keine Aufmerksamkeit zu schenken – dadurch verlieren sie an Macht und die Angst kann sich gar nicht erst breitmachen.
Machen Sie sich bewusst, dass es nicht darum geht, die Gedanken *loszuwerden,* um Ihr Ziel zu erreichen, sondern sie einfach *nicht zu beachten.* Um angstfrei Fahrstuhl zu fahren, kommt es also darauf an, die die Angst nährenden Gedanken vorbeiziehen zu lassen, ohne ihnen Beachtung zu schenken.

Tipp: Bei Flugangst ist es natürlich ratsam, sich andere Szenarien, wie zum Beispiel das rechtzeitige Erreichen eines Zuges am Bahnsteig, vorzustellen.

Gleichmut entwickeln

Man muss in der grenzenlose Weite verweilen,
hellwach und klar,
die Unendlichkeit des Raumes schauend.
So als säße man auf dem Gipfel eines Berges,
mit freier Sicht nach allen Seiten.
Shabkar

Stellen Sie sich noch mal kurz das Flughafen-Szenario aus der vorangegangenen Übung vor. Neben dem konzentrierten Fokussieren auf das Ziel braucht es auch einen gewissen Gleichmut, sprich Gelassenheit, um unbehelligt durch die Menge in der Abflughalle zu gelangen. Gleichmut kann uns natürlich auch in vielen Alltagssituationen sehr dienlich sein, denn mit Ruhe und Gelassenheit lassen sich die Dinge leichter meistern.

Um der Angst, besonders wenn es sich um tiefe Ängste bis hin zur Panik handelt, mit Gleichmut zu begegnen, braucht es ein bisschen Übung und vor allem Geduld. Hat der Geist aber gelernt, auf beängstigende Situationen – innerlich wie äußerlich – mit Gelassenheit zu reagieren, verlieren die Ängste im Laufe der Zeit ihre Macht und lösen sich manchmal sogar komplett auf.

Gelassenheit basiert auf Stille, und die Stille ist ein innerer Seins-Zustand des Herzens, auf den wir uns auch inmitten von Lärm und Trubel stets berufen können. Innere Gelassenheit hilft uns, uns nicht im Strudel unserer Wahrnehmungen, Empfindungen und den begleitenden Gefühlen zu verlieren. In der buddhistischen Philosophie zählt der »grenzenlose Gleichmut« zu den sogenannten »vier himmlischen Verweilzuständen«, die zusammen die tragenden Säulen eines erfüllten menschlichen Daseins bilden. Denn wer aus einer Haltung von liebender Güte, Mitgefühl, Mitfreude – das sind die anderen drei Säulen – und Gleichmut heraus sein Leben lebt, findet Stabilität inmitten der permanenten Veränderungen und des steten Wandels, die sowohl unsere innere als auch äußere Welt ausmachen.
Sich in Zeiten von Angst und Schmerz in Gleichmut zu üben ist ein großes Geschenk, das wir uns selbst überreichen. Dadurch sind wir in der Lage loszulassen und uns dem Augenblick, egal wie schwierig er auch sein mag, mutig hinzugeben. Diese Form der Hingabe hat überhaupt nichts mit einem verzweifelten Aufgeben, das wir vielleicht normalerweise von uns kennen, zu tun. Es ist eher ein entspanntes Sich-Überlassen des Geschehens. Wir sagen JA zu unseren Gefühlen, ohne sie fest-

zuhalten bzw. ohne sie loswerden zu wollen. Wir heißen sie willkommen und lassen sie, wenn es für sie an der Zeit ist, wieder gehen. Dabei gestehen wir uns uneingeschränkt ein, dass wir den Zeitpunkt des Loslassens nicht willkürlich beeinflussen können. Es geschieht einfach.

ÜBUNG

Auf dem Gipfel der Gelassenheit

Begeben Sie sich für diese Übung an einen ruhigen Ort, an dem Sie in den kommenden 20 Minuten nicht gestört werden können. Wenn Sie mögen, dann nehmen Sie eine klassische Meditationshaltung im Sitzen ein, dies ist aber nicht zwingend nötig.

Lesen Sie sich die Übung zunächst einmal komplett durch, dann ist es später leichter, sich auf die eigentliche Meditation einzulassen. Der tibetische Meister und Einsiedler Shabkar (1781–1851) spricht in seinem Zitat vom gelassenen Verweilen, als säße man auf dem Gipfel eines hohen Berges, unberührt von den Geschehnissen im Tal, sprich unberührt von unseren Gedanken, Gefühlen und Erfahrungen, mit freier Sicht in alle vier Himmelsrichtungen – und dies ist auch ein Bild für die oben erwähnte »Stille des Herzens«.

Schließen Sie die Augen und lenken Sie Ihre Aufmerksamkeit auf den Atem. Beobachten Sie dabei das Heben und Senken der Bauchdecke, ohne aktiv ins Geschehen einzugreifen. Stellen Sie sich gleichzeitig vor, wie Sie tatsächlich alleine auf einem Berg sitzen, und beobachten Sie, ob sich dieses innere Bild auch auf den Atem auswirkt. Vielleicht wird er nun tiefer und freier.
Stellen Sie sich weiter vor, dass es vollkommen windstill ist. Ein wolkenloser Himmel dehnt sich endlos über Ihrem Kopf aus. Die Temperatur ist angenehm und Ihr Körper darf sich komplett entspannen. Legen Sie die rechte Hand sanft auf den Brustkorb und lenken Sie die Aufmerksamkeit erneut zum Atem, indem Sie nun das Heben und Senken der Brust unter Ihrer Handfläche bewusst spüren. Verweilen Sie eine Zeit lang beim Empfinden des Atemflusses und halten Sie dabei innerlich das Bild der grenzenlosen Weite, in der Sie sich befinden, aufrecht. Hat sich Ihr Geist beruhigt, lösen Sie den Fokus vom Atemgeschehen.
Lenken Sie als Nächstes die Aufmerksamkeit auf das sogenannte »dritte Auge«, einen Punkt, der exakt oberhalb der Nasenwurzel zwischen den Augenbrauen liegt. Konzentrieren Sie sich darauf und machen Sie sich gleichzeitig bewusst, dass alles Leben auf Erden und im Universum auf Veränderung basiert. Nichts ist statisch, nichts kann festgehalten werden, alles verwandelt sich. Die Dinge kommen und gehen in ihrem eigenen Rhythmus, Sie haben keine Kontrolle darüber.
Die klassische Gelassenheits-Meditation im buddhistischen Sinne arbeitet mit einem bestimmten Satz, der immer wieder im Stillen wiederholt wird. Der Geist verinner-

licht dabei das Gesagte auf einer tieferen Ebene, die weit jenseits des intellektuellen Verstehens liegt. So ein Satz kann zum Beispiel lauten:

> Ich wünsche mir, glücklich zu sein, aber ich habe erkannt, dass ich von Leid und Unglück nicht verschont bin.

Oder:

> Ich akzeptiere das Kommen und Gehen der Dinge und Erfahrungen sowie meiner Gedanken und Gefühle zutiefst.

Vergegenwärtigen Sie sich nun noch einmal den imaginären Berggipfel, auf dem Sie gerade sitzen. Lassen Sie im Hintergrund, während Sie im Stillen einen der beiden Sätze sagen, den Fokus sanft auf Ihrem dritten Auge ruhen. Wiederholen Sie den Satz mehrfach hintereinander und spüren Sie dabei genau hin. Registrieren Sie begleitend aufsteigende Gefühle wachsam und freundlich, kommen Sie aber immer wieder mit sanfter Bestimmtheit zu Ihrem Satz zurück, bis Sie merken, wie Ihr Geist beginnt, sich in die Gelassenheit hinein zu entspannen.
Ein gleichmütiger Geist weiß, dass sich das Leben nicht nach seinen persönlichen Wünschen richtet, und dennoch bleibt er ruhig. Das Fundament eines gelassenen Geisteszustands ist innerer Friede, gepaart mit Freude und mitfühlender Herzenswärme, ohne jegliche Anhaftungen, denn:

Ich weiß, dass alles dem steten Wandel unterliegt, und vertraue mich dem unvorhersehbaren Fluss des Lebens gelassen an.

Beenden Sie die Meditation mit einem letzten weiten Blick vom Gipfel Ihres imaginären Berges. Atmen Sie dabei tief durch und machen Sie sich noch einmal bewusst, dass Sie sich jederzeit mit dem natürlichen Seins-Zustand von friedvoller Stille und Gelassenheit in Ihrem Herzen verbinden können.

....

Wenn Sie die vorangegangene Mediation regelmäßig in Ihren Alltag einbauen, werden Sie bemerken, dass sich nach und nach auch lange verdrängte oder längst vergessene Gefühle an die Oberfläche schieben werden. Stille und Gelassenheit ermutigen alte Verletzungen geradezu, sich zu zeigen. Es kann also durchaus sein, dass während einer Ihrer »Gipfel-Sitzungen« auch die Gründe für gewisse Ängste zutage treten. ***Gelassenheit bzw. Gleichmut bietet einen ruhigen, mitfühlenden und freundlichen Raum für noch nicht verheilte Wunden und oft zeigt sich in diesem Rahmen auch das verängstigte innere Kind, um endlich wirklich wahrgenommen und »umarmt« zu werden.***

Auf die Idee, mir ein sogenanntes »Gipfeltagebuch« anzulegen, um prägnante wichtige Einsichten, die während meiner eigenen Meditation zutage traten, zu notieren, kam ich durch meine Mutter. Auch bei ihr gab es eine Zeit im Leben, die geprägt war von innerer Dunkelheit. Damals entschied sie sich, jeden Morgen vor der Arbeit einen bestimmten Berg in der Nähe meines Elternhauses zu besteigen, auf dessen Gipfel eine kleine Kapelle steht. In dem kleinen Gotteshaus liegt auch heute noch ein sogenanntes »Gipfelbuch« in einer Seitennische, in das sich die Wanderer mit Fürbitten oder Danksagungen eintragen können. Jeden Tag schrieb nun meine Mutter, freilich anonym, ihre Gedanken und Gefühle in dieses Buch – und irgendwann entdeckte sie beim gelegentlichen Zurückblättern, dass kleine, Mut machende Kommentare neben ihren Zeilen hinzugekommen waren.

Dieses tägliche Gehen und das Beschreiben ihrer Sorgen und Nöte in der kleinen Kapelle ließen meine Mutter letztendlich innerlich zur Ruhe kommen und die dunklen Wolken der Depression verschwanden nach und nach. Auf der folgenden Leerseite haben Sie die Möglichkeit, ein eigenes »Gipfeltagebuch« zu beginnen, das Sie später, wenn der Platz nicht mehr ausreichen sollte, vielleicht in einem Tagebuch fortführen können.

Mein Gipfeltagebuch

Wahre Gelassenheit bedeutet nicht nur, dass wir ruhig und gefasst den Stürmen des Lebens standhalten können, sie umfasst auch glücklichere und zufriedene Zeiten. Ein Mensch, der in seinem Herzen Gleichmut – nicht zu verwechseln mit Gleichgültigkeit! – kultiviert hat, weiß, dass sich alles immer wieder verändert und dass man nichts im Leben kontrollieren und festhalten kann. Auf Regen folgt Sonnenschein, auf Angst folgt Mut, auf Trauer folgt Freude – und umgekehrt. Das ist der Lauf der Dinge.
Wer wirklich gelassen ist, gibt sich diesem Fluss des Lebens vertrauensvoll hin. Folgende Geschichte zeigt den Schlüssel zu einem gelassenen und dadurch furchtlosen Leben:

Die Antwort auf alle Fragen

In einem Land jenseits der Meere lebte einst ein mächtiger, alter König. In den langen Jahren seiner Regentschaft hatte er das ehedem arme Land zu Reichtum und Blüte gebracht. Den Menschen ging es gut und sie verehrten ihren König als weisen Herrscher und weitsichtigen Führer.
Der König selbst aber wurde mit der Zeit immer unzufriedener. Er konnte es sich selbst nicht erklären, aber mit jedem Jahr, das ins Land zog, verlor er sich mehr und

mehr in unheilvollen Gedanken und den damit einhergehenden angstvollen Gefühlen. Immer öfter schwankte er zwischen betriebsamer Geschäftigkeit und verzweifelter Sorge um die Zukunft seines Landes. Er kam innerlich kaum mehr zur Ruhe und magerte ab.

Nach und nach griff dieser Zustand auch auf sein Privatleben über. Nachts konnte er vor lauter Angst, dass ihm oder seiner Familie etwas passieren könnte, nicht mehr schlafen. Er begann sich vor Krankheit und Einsamkeit zu fürchten und hatte panische Angst vor dem Tod. Es gab zwar auch immer wieder Tage, an denen er sich leicht und glücklich fühlte, aber es dauerte meist nicht lange, da schlug sein Gemüt wieder ins Negative um. Schließlich beschloss er, die weisesten Männer und Frauen seines Landes zu sich ins Schloss zu rufen, um seinem inneren Elend endlich ein Ende zu setzen. Einen nach dem anderen ließ der König vortreten, bis ihm nach ein paar Stunden der Kopf vor lauter Ratschlägen brummte, doch eine Antwort fand er nicht. Keine Medizin, keine Meditation, kein Zauber und kein weiser Spruch konnten ihn von seiner Zerrissenheit erlösen. Da trat ganz zum Schluss ein kleines, gebeugtes Männlein vor, um ihm ein schlichtes, goldenes Kästchen zu überreichen.

»In diesem Kästchen befindet sich die Antwort auf deine Fragen und die Erlösung von all deinen Ängsten«, sprach er mit einem leisen Lächeln auf den Lippen, »aber du darfst es erst öffnen, wenn du wirklich keinen anderen

Ausweg mehr findest!« Mit diesen Worten verschwand der Zwerg und ließ einen verblüfften König zurück, in dessen Handfläche das Kästchen sanft schimmerte.
Es folgten stürmische Jahre und der alte Regent hatte alle Mühe, das Land mit weiser Hand zu führen. Oft griff er zu dem kleinen Kästchen und wiegte es abschätzend in der Hand, im festen Glauben, dass nun der Moment gekommen sei, wo er das Geheimnis lüften müsse, um Antwort zu finden. Aber jedes Mal fiel ihm selbst rechtzeitig eine Lösung ein.
Dann aber kam es zum Krieg mit dem Nachbarland. Eine Hungersnot brach aus und der König musste mit mitsamt seiner Familie fliehen. Auf der Flucht kam es zu Überfällen und nach und nach verlor er alle seine Lieben durch die Hand des Feindes. Vollkommen verängstigt und alleine, nahe am Verhungern und nur noch mit ein paar Fetzen bekleidet, suchte der König Unterschlupf in einer Höhle. Zitternd kramte er in seinem Beutel, in dem er seine letzte Habe verstaut hatte, nach dem goldenen Kästchen. Er wusste, dass nun der Zeitpunkt gekommen war, es zu öffnen.
Tief durchatmend hob er den Deckel. Auf einem winzigen blauen Samtkissen lag ein schlichter, goldener Ring, der matt im dämmrigen Licht der Höhle glänzte. Ein Schriftzug war auf der Innenseite eingraviert. Der König stolperte zum Höhleneingang, um ihn zu entziffern: AUCH DIES WIRD VORRÜBERGEHEN stand da in großen

Lettern. Da begann der alte Herrscher zu lachen. Er konnte gar nicht mehr mit Lachen aufhören und es schien ihm, als wäre er von einer riesigen Last, die sich über viele Jahre hinweg auf seinen Schultern angesammelt hatte, mit einem Schlag befreit worden. Er streifte den Ring über seinen Finger und machte sich auf den Weg zurück in die Hauptstadt.

Das Land, und mit ihm sein König, fand zu altem Glanz und Stärke zurück. Ein Friedensvertrag wurde mit den Nachbarn geschlossen und die Menschen begruben ihre Toten. Der König regierte bis zu seinem Tod voller Weisheit und Mitgefühl, hatte er doch erkannt, dass alles dem steten Wandel und der Vergänglichkeit unterworfen ist.

Von der Erde getragen

Wenn du Gehmeditation übst und erkennst,
dass du auf dem schönen Planeten
Erde schreitest,
wirst du dich selbst und deine Schritte
in einem ganz anderen Licht sehen
und von den engen Sichtweisen und
Begrenzungen befreit werden.
Thich Nhat Hanh

Es gibt viele verschiedene Herangehensweisen an die Gehmeditation. Im Folgenden nehmen wir, neben dem achtsamen Beobachten unserer Schritte, zusätzlich kleine Affirmationen zu Hilfe. Sie bewirken, dass unser Herz sich nicht mehr so verlassen fühlt – Verlassenheit ist eine der Hauptursachen von Angst –, und sei es nur für ein paar kurze Augenblicke.
Für das Praktizieren von Gehmeditation kann es hilfreich sein, eine bestimmte Distanz festzulegen. Das kann ein kurzer Weg innerhalb des Hauses oder draußen in der Natur sein. Sie können aber natürlich auch spontan während eines Spaziergangs Gehmeditation praktizieren. Wichtig ist, dass Sie sich zu Beginn der Meditation für einen

Augenblick besinnen, indem Sie sich still und in aufrechter Haltung hinstellen und sich ein paar Atemzüge lang auf Ihren Atem konzentrieren. Ein klassischer Meditationspfad beträgt in seiner Länge übrigens nicht mehr als 15 Schritte.

ÜBUNG

Gehmeditation: Schritt für Schritt mehr Sicherheit

Machen Sie sich nun Ihre Körperhaltung bewusst – Wie stehe ich da? Bin ich angespannt oder entspannt? – und lenken Sie anschließend den Fokus auf Ihre Fußsohlen. Spüren Sie in die Füße hinein und fühlen Sie gleichzeitig den Boden, auf dem Sie stehen. Setzen Sie dann bewusst den ersten Schritt und bleiben Sie mit der Aufmerksamkeit bei der Bewegung.

Sagen Sie während des Aufsetzens des Fußes auf den Boden im Stillen den Satz »Ich bin angekommen« und beim folgenden Schritt »Ich bin zu Hause«. Fahren Sie dann im Wechsel mit diesen beiden Sätzen fort: Schritt – Aufsetzen – »Ich bin angekommen«, Schritt – Aufsetzen – »Ich bin zu Hause«.

Spüren Sie am Ende des Weges den Sätzen nach: Wie fühlt sich Ihr Körper jetzt an? Ist er schwer oder leicht? Wie ist Ihre Gefühlslage? Kommen Emotionen hoch oder fühlen Sie sich wie von einer Last befreit?

Seien Sie ehrlich zu sich selbst. Es muss sich nichts verändern an dem, was Sie gerade empfinden. Erkennen Sie an, dass es so ist, wie es ist, auch wenn Sie es vielleicht nicht mögen. Lassen Sie alles da sein und richten Sie Ihre Aufmerksamkeit wieder auf Ihre Fußsohlen und Ihre Affirmationen.
Gehen Sie dann den Weg auf die gleiche Weise zurück. Vielleicht braucht es nun andere Affirmationen wie: »Ich bin getragen« und »Ich bin sicher« oder »Ich bin geborgen« und »Ich bin geliebt«. Sie können aber auch weiterhin die ersten beiden Sätze verwenden.

In der Regel dauert eine klassische Gehmeditation mindestens zehn Minuten – nach oben sind keine zeitlichen Grenzen gesetzt. Beenden Sie die Übung, indem Sie zum Schluss am Ende des Weges erneut innehalten. Lenken Sie die Aufmerksamkeit noch einmal bewusst auf den Atem. Wenn Sie möchten, dann verbeugen Sie sich abschließend mit vor der Brust zusammengelegten Händen. So drücken Sie »Ihrem Pfad« gegenüber Dankbarkeit aus, schließlich hat er Sie in den vergangenen Minuten buchstäblich sicher getragen.

Zum Abschluss dieses Kapitels möchte ich Ihnen noch ans Herz legen, geduldig und liebevoll mit sich selbst zu sein, denn wie Sie sicher bereits wissen oder zumindest erahnen, graben sich Muster und Konditionierungen mit den einhergehenden

emotionalen Begleiterscheinungen über viele Jahre in unsere Seele und unser Herz ein.
Die Achtsamkeit ist wie ein Lösungsmittel, das sehr behutsam diese alten Verkrustungen sichtbar macht und schließlich auflöst, aber das braucht Zeit, Übung und Mitgefühl mit sich selbst.

3

Wieder Vertrauen fassen

Ich kann mich noch gut an ein Gespräch mit meinem Therapeuten in der Klinik erinnern: »Frau Seethaler, Sie haben als Kind kein Urvertrauen entwickeln können«, sagte er zu mir, »das ist einer der Gründe für Ihre Angststörung.« Dieser Satz berührte mich so tief, dass ich sofort in Tränen ausbrach und irgendwie noch mehr Angst bekam. War ich etwa ein hoffnungsloser Fall? Doch da beruhigte er mich und sagte: »Wir können das nicht rückgängig machen und auch nicht nachträglich heilen, aber wir können gemeinsam daran arbeiten, dass Sie wieder Vertrauen ins Leben gewinnen!«

Die Angst lässt uns glauben, dass wir ins Bodenlose fallen, aber wenn wir damit beginnen, Vertrauen in unsere persönliche Stärke, in unsere ureigene Weisheit und vielleicht auch in eine höhere Macht, die uns liebevoll lenkt, zu gewinnen, dann erkennen wir, dass genau dieses Vertrauen unser innerer Boden ist, der uns unerschütterlich durch alle Stürme des Lebens trägt und der uns nie im Stich lassen wird.

Mit der universellen Weisheit in Berührung kommen

Wie eine Mutter mit ihrem Leben ihr Kind,
ihr einziges Kind, schützt,
so sollen auch wir mit grenzenlosem Herzen
alle Lebewesen lieben.
Buddha

Wir suchen oft – und das hat durchaus seine Berechtigung – Rat im Außen, sprich bei Freunden, Therapeuten oder Lehrern, denen wir vertrauen und bei denen wir davon ausgehen, dass sie über einen Grad an Wissen verfügen, der uns selbst fehlt. Daran ist nichts falsch. Aber wir vergessen dabei oft, dass auch in uns selbst eine tiefe Weisheit schlummert, auf die wir uns verlassen und die wir immer befragen können.
Nicht nur der Buddha hat in seinen Lehrreden darauf hingewiesen, dass wir alle der gleichen Quelle angehören und dass in jedem Einzelnen von uns das Potenzial der Buddha-Natur, das sich aus gren-

zenloser Weisheit, tiefem Mitgefühl und unendlicher Liebe zusammensetzt, nur darauf wartet, endlich freigelegt zu werden. Andere Religionen sprechen von einer höheren Instanz, die im Herzen eines jeden Einzelnen wohnt, oder vom göttlichen Funken, der das Kernstück aller Lebewesen bildet. ***Um mit der eigenen Weisheit und dem göttlichen Kern in uns in Berührung zu kommen, müssen wir nicht unbedingt eine große Menge von Wissen auf der Verstandesebene anhäufen, sondern es gilt lediglich, tief in sich hineinzuspüren und geduldig darauf zu warten, was das Herz uns mitzuteilen hat.***

Dieser universellen Weisheit begegnete ich persönlich vor einigen Jahren während eines mehrwöchigen Meditationskurses, in dessen Verlauf ich immer wieder von heftigen Panikattacken heimgesucht wurde. Es ging so weit, dass ich schon daran dachte, den Kurs vorzeitig abzubrechen.

Eines Morgens saß ich, regelrecht durchgeschüttelt von periodisch wiederkehrenden Angstwellen, auf meinem Meditationskissen, als ich aus purer Verzweiflung beschloss, ein Stoßgebet mit der Bitte um sofortige Hilfe an eine höhere Macht zu entsenden. Dabei war es mir vollkommen egal, ob mir nun der Buddha, der liebe Gott oder das Universum an sich eine Antwort geben würde – ich war offen für alles. Eine gefühlte Sekunde später spielte mir mein Geist die Erinnerung an einen Dokumentarfilm über Einsiedlermönche in China, den ich vor Jahren auf YouTube gesehen hatte, ins Bewusstsein. Gegen Ende des Films besuchte der junge Filmemacher eine weit abgelegene Einsiedelei, um einen alten Mönch aufzusuchen, der bei den anderen Einsiedlern als erleuchtet galt.

Plötzlich sah ich also vor meinem inneren Auge die gütige Gestalt dieses Mannes. Er trug eine dicke Brille, deren Gestell notdürftig mit einem Gummiband geflickt war. Das Licht einer Kerze erhellte die Brillengläser und ließ sie sanft funkeln. Diese Filmsequenz hatte sich anscheinend tief in mich eingebrannt und war nun wieder zum Vorschein gekommen. Im Film erzählte der alte Mönch von seiner tiefen Liebe zu den Lehren des Buddha. Sein glückliches Lächeln entblößte dabei unregelmäßige gelbe Zähne und sein schmales faltiges Gesicht war von großen Ohren flankiert. Ich war sofort von ihm verzaubert!

Ich begriff, dass dieses innere Bild vielleicht die Antwort auf meinen Notruf war, und so begann ich auf meinem Kissen einen stillen Dialog mit dem alten Mönch zu führen. Dabei stellte ich mir vor, wie er aus seiner Hütte in den Bergen heraustrat, um zu mir in die Meditationshalle zu kommen. Mit einer erstaunlichen Gelenkigkeit setzte er sich neben mich und ergriff meine Hand, um sie beruhigend zu streicheln. Ich bemerkte, wie ich sofort ruhiger wurde, und begann seiner Stimme zu lauschen. Er sprach deutsch mit mir und ich wusste instinktiv, dass diese Worte im Grunde aus der Weisheitsquelle meines eigenen Herzens flossen.

Der Mönch sagte zu mir: »Beruhige dich, mein Herz, alles wird gut!« Dann erklärte er mir Strategien, die mir helfen würden, mit dieser enormen Angst von Moment zu Moment im wahrsten Sinne des Wortes »da zu sein«. Zunächst wies er mich an, bewusst in den Bauch zu atmen und dabei alle körperlichen und psychischen Begleiterscheinungen der Angst – das dumpfe Gefühl des Abgetrenntseins, die Bodenlosigkeit, der Fluchtinstinkt, das Schwitzen und das Herzrasen – bewusst wahrzunehmen, ohne dies, soweit es mir möglich war, zu bewerten und dadurch noch tiefer in die Panik zu rutschen. Dies gelang mir, indem ich wieder und wieder sein gütiges Gesicht visualisierte und mir ganz fest vorstellte, dass er wie ein Fels in der Brandung neben mir saß.

Von da an begleitete mein Mönch mich bis zum Ende des Kurses. Genau genommen wich er nicht mehr von meiner Seite, und noch heute taucht er immer wieder auf, um mir mit liebevollem Rat zur

Seite zu stehen. Ich weiß zwar, dass es mein eigenes Herz ist, das zu mir spricht, und dass ich darauf vertrauen kann, dass es mich niemals im Stich lassen wird, aber ich möchte auch das alte, weise Gesicht meines imaginären Begleiters nicht mehr missen.

Die innere Weisheit kann sich natürlich auch in anderen Formen zeigen: Manche Menschen berichten von Engeln oder verstorbenen Familienmitgliedern als unterstützende Begleiter, andere stellen sich Feen vor. Einer meiner Meditationslehrer ruft in schweren Stunden den Dalai Lama zu Hilfe und für manche ist der amtierende Papst ein vertrauenswürdiger Ratgeber.

Geborgenheit in einer höheren Instanz finden

Wenn es Gott wirklich gibt,
warum zeigt er sich dann nie?
Aber ist dir schon mal aufgefallen, dass alles,
was dich leben lässt, unsichtbar ist?
Die Luft, der Atem, die Gedanken
und deine Gefühle …!

von meinem Freund Helmut Klein,
gestorben am 21.12.2016

Der Glaube an einen Gott oder generell an eine höhere Macht bzw. Kraft ist heutzutage nicht mehr so tief verwurzelt wie in früheren Zeiten, wo der »Himmelsvater« auch auf Erden seinen angestammten Platz inmitten der Menschen hatte. Nichtsdestotrotz ist die Sehnsucht nach ihm oder ihr in vielen von uns immer noch wach. Viele suchen danach aber nicht mehr in unseren heimischen Gotteshäusern und Kirchen, sondern in Yogazentren, buddhistischen Tempeln oder bei Schamanen. Oft ist uns nicht einmal bewusst, dass wir im Yogakurs oder beim Meditieren auch auf der Suche nach dem Göttlichen sind, wir wollen uns einfach nur besser oder ausgeglichener fühlen.

Wir möchten unsere Ängste und Begrenzungen loswerden und sehnen uns nach innerer Freiheit, Geborgenheit, Sicherheit und Liebe. Für mich kennzeichnet all dies die Suche nach einer höheren Instanz oder nach einem erweiterten Bewusstsein; es ist die Suche nach dem Göttlichen in uns, auch wenn wir es selbst vielleicht nicht so bezeichnen würden.

Im Grunde müssen wir aber gar nicht auf die Suche gehen, denn wir alle tragen diesen heilen und liebevollen Ort bereits in uns. Er liegt bei manchen von uns nur etwas im Verborgenen und manchmal müssen wir auf dem Weg dorthin ein paar Steine oder ganze Felsbrocken, sprich Ängste und Nöte, beiseiteräumen, aber er ist immer da und wartet auf uns.

Im Folgenden werde ich Sie mit einer Übung vertraut machen, die mir während einer akuten Phase von großer Angst heilsame Hilfestellung geleistet hat. Ich war 2015 während des schweren Erdbebens in Nepal vor Ort; ich besuche dort regelmäßig Kinder in einem Waisenhaus und bin über die Jahre hinweg zu einem Familienmitglied geworden. Im April 2015 erschütterte das Erdbeben auch unser Dorf und legte 80 Häuser in Schutt und Asche. Unseren Kindern und auch allen anderen Dorfbewohnern war zwar wie durch ein Wunder nichts passiert, weil gerade die Kartoffelernte auf Hochtouren lief und sich Jung und Alt auf den Feldern befand, aber wir waren ausnahmslos alle von einer Sekunde auf die andere obdachlos geworden. In den darauffolgenden Wochen und Monaten lebten wir im Freien unter Plastikplanen. Wir beteten viel – zu Gott, Krishna, Shiva, Ram und Buddha – und fanden so Trost. In den kalten und regnerischen Nächten unter der löchrigen Plane stellte ich mir oft vor, dass ich meinen Kopf in den Schoß des Buddha bettete und wie er mir sanft und gütig über mein Haar strich. Vielleicht sind Ihnen Jesus, der himmlische Vater oder Maria vertrauter als der Buddha, oder Sie möchten Ihren Kopf lieber in den Schoß eines geliebten Menschen, zum Beispiel der Großmutter, legen. Wenn dies der Fall ist, dann wandeln Sie nachstehende Übung einfach dementsprechend ab.

ÜBUNG

Den Kopf in Buddhas Schoß legen

Begeben Sie sich in eine bequeme, liegende Position, egal ob auf dem Sofa, im Bett oder auf dem Fußboden, und decken Sie sich eventuell zu, damit Ihr Körper nicht auskühlt. Schließen Sie die Augen und atmen Sie ein paar Atemzüge lang ruhig und gleichmäßig ein und aus. Stellen Sie sich dabei vor, wie der leibhaftige Buddha direkt hinter Ihnen sitzt und mit Ihnen im gleichen Rhythmus atmet. Versuchen Sie sich seine unerschütterliche, aber stets liebevolle Präsenz zu vergegenwärtigen. Vielleicht spüren Sie auch das weite, klare und gelassene energetische Feld, das ihn umgibt. Sie dürfen darin eintauchen wie in ein heilsames Bad.

Legen Sie jetzt in Ihrer Vorstellung den Kopf in seinen Schoß, wie ein Kind, das sich an den Körper der Mutter kuschelt. Es existieren zwar keine historischen Überlieferungen darüber, ob enge Schüler oder Schülerinnen dem Buddha tatsächlich körperlich nahegekommen sind, aber vielleicht hatte er ja zumindest hin und wieder ein Kind auf seinem Schoß, um es liebevoll zu trösten. Stellen Sie sich vor, wie der Buddha mit weisen, gütigen Augen auf Sie niederblickt und mit seinen Händen sanft über Ihr Haar streichelt. Entspannen Sie sich durch diese imaginäre Berührung, soweit es Ihnen im Moment möglich ist, und scheuen Sie sich nicht, dem Buddha all Ihre geheimen Ängste und Sorgen anzuvertrauen. Er wird Ihnen unvoreingenommen zuhören.

Sie können aber auch ganz still bei ihm verweilen und im Gegenzug seiner unausgesprochenen Weisheit lauschen, die weit über Wort und Verstand hinausgeht. Der Buddha in Ihrem Inneren wird zu Ihnen durch Ihr eigenes Herz hindurch sprechen. Genauso verhält es sich mit Gott, Jesus oder wie auch immer Sie die allgegenwärtige göttliche Weisheit bezeichnen wollen; sie spricht stets durch

Ihr Herz zu Ihrem Herzen, darauf können Sie immer vertrauen!
Wenn Sie mögen, dann können Sie Ihre Begegnung mit dem Buddha mit dem ersten Satz eines traditionellen buddhistischen Gebetes, der sogenannten Zufluchtnahme, abrunden, indem Sie folgenden Satz dreimal hintereinander, egal ob laut oder leise, sprechen:

> Ich nehme Zuflucht in Buddha, dem Erwachen des Herzens zu höchster Weisheit und Mitgefühl.

Beten

> Ich finde Hoffnung in den dunkelsten Tagen
> und fokussiere mich auf die hellsten.
> Ich verurteile das Universum nicht.
> *Dalai Lama*

Man könnte die vorangegangene Übung auch als eine abgewandelte Form des Betens sehen, denn egal ob wir nun dem Buddha oder dem Herrgott unsere Sorgen und Ängste anvertrauen, wir begeben uns in diesem Moment in die Hände einer »höheren Macht«, an die wir glauben und von der wir uns beschützt und umsorgt fühlen.
Als kleines Mädchen glaubte ich innig an den

»lieben Gott« und ich ging regelmäßig mit meiner Mutter in die Kirche. Der Kontakt mit Gott gab mir Halt und bot mir Trost. Ich war ein sehr ängstliches Kind, das die Welt um sich herum oft als bedrohlich wahrnahm. Der innere Dialog mit dem bärtigen Mann im Himmel – ich stellte ihn mir tatsächlich wie einen weisen Großvater vor – war deswegen sehr wichtig für mich. Ich bat ihn um Hilfe und erzählte ihm abends vor dem Schlafengehen meine Probleme.

Beten bzw. der stille Dialog mit Gott, oder wie auch immer Sie eine höhere, göttliche Instanz persönlich bezeichnen, ist leider ein bisschen aus der Mode gekommen. Dabei kann dieses Anvertrauen und das Abgeben in die Hände eines »allmächtigen Wesens« tatsächlich als Erlösung empfunden werden, und sei es vielleicht nur für einen kurzen Augenblick. Meiner Erfahrung nach kann ein Gebet zudem sehr motivierend und unterstützend wirken, und zwar immer dann, wenn wir aus der Haltung des Bittstellers heraustreten.

Gerade bei schlimmen Emotionen wie Angst oder Verzweiflung würden wir den »lieben Gott«, um beim Bild meiner Kindheit zu bleiben, am liebsten mit Bitten überhäufen: »Bitte mach, dass es bald vorübergeht, ich halte diese Angst nicht mehr aus!« Wenn wir aber den Spieß umdrehen und

aus dieser dringenden Bitte ein Dankeschön formulieren, dann aktivieren wir unsere eigene innere Stärke und können dadurch den Versuch wagen, uns mutig aus bedrohlich wirkenden Lagen zu befreien.
Gerade bei unbegründeter Angst oder Panik, die mit der aktuellen Realität überhaupt nichts zu tun hat, sondern die sich oftmals aufgrund alter Verletzungen tief auf der seelischen Ebene eingegraben hat, kann die Aktivierung der eigenen Heilungskräfte mittels »Danksagungen« einen effizienten Weg aus der Ohnmacht aufzeigen.
Versuchen Sie es und formulieren Sie Ihre Bitte in ein Danke um: »Danke, dass Du mir die Kraft verliehen hast, mich dieser Angst über all die Jahre hinweg immer wieder mutig zu stellen!« Oder: »Danke, dass Du mir die Kraft verleihst, dies hier durchzustehen!« Dadurch fassen Sie wieder Vertrauen zu sich selbst und nehmen der Angst das Zepter aus der Hand.

Wir stellen uns den Himmel, wenn wir überhaupt daran glauben, oft als einen herrlichen, friedvollen Ort vor, an dem es alles im Überfluss und keinen Schmerz gibt – und die Hölle im Gegenzug als einen schrecklichen, angsteinflößenden Ort, an dem Grauen und unendliches Leid vorherrschen. Die nun folgende Geschichte zeigt auf berührende Art und Weise auf, dass »im Himmel sein« vor allem aber auch bedeutet, miteinander verbunden zu sein, sich umeinander zu kümmern und den anderen mit seinem »Hunger«, egal ob physisch oder emotional, nicht alleine zu lassen.

Himmel und Hölle

Eines Tages kam ein junger Mann zu seinem Meister und fragte: »Verehrter Herr, du sprichst in deinen Lehren immer wieder von Himmel und Hölle, doch was genau meinst du damit?«
Der Weise lächelte. »Nun, ich werde dir zeigen, wovon ich spreche«, sagte er, »schließe deine Augen und lass dich von mir führen.«
Der Schüler schloss die Augen und sogleich fiel er in eine tiefe Trance. »Du kannst deine Augen jetzt wieder öffnen!«, hörte er plötzlich die Stimme seines Lehrers. Erstaunt sah er sich um. Vor ihm befand sich ein großes Tor, dessen Flügel weit offen standen. Direkt über dem Eingang war in großen Lettern das Wort HÖLLE geschrieben. Angst durchflutete ihn, doch schon spürte er die beruhigende Hand des Meisters auf der Schulter. »Wirf ruhig einen Blick durch das Tor, dann wirst du sofort erkennen, warum dies die Hölle ist«, sprach der alte Mann und schob ihn ein bisschen näher heran.

Da sah er im Innenhof ein großes Feuer lodern, über dem ein riesiger kupferner Topf hing, aus dem es verführerisch duftete. Um den Feuerplatz saßen viele Menschen, die bei genauerem Hinsehen entsetzlich ausgezehrt, ja nahezu verhungert aussahen. Sie alle hielten überlange Löffel in ihren Händen, mit denen sie versuchten, sich die Suppe aus dem Topf in die Münder zu schieben. Das Bild, das sich dem jungen Mann bot, war herzzerreißend, denn wegen der langen Stiele war es den Hungernden unmöglich, sich selbst zu füttern. Sie weinten und zeterten, und der Boden um sie herum war von verschütteter Suppe verschmutzt.
Den Tränen nahe, wandte sich der Schüler an den Meister: »Bitte zeig mir jetzt den Himmel!« Der Alte nickte und wies mit der Hand auf ein weiteres Tor, das der Hölle gegenüberlag. »Folge mir«, sagte er.
Auch bei diesem Tor standen die Flügeltüren weit offen und über dem Eingang leuchtete golden das Wort HIMMEL. Die Szenerie im Innenhof ähnelte der in der Hölle. Wieder loderten Flammen unter einem gewaltigen Suppentopf. Um den Feuerplatz herum konnte der junge Mann eine Menschenmenge beobachten, die ebenfalls langstielige Löffel in Händen hielt, doch schon auf den ersten Blick war für ihn erkennbar, dass es diesen Menschen sehr gut ging. Sie wirkten wohlgenährt und glücklich. Ihr fröhliches Lachen drang bis zu ihm herüber.
»Schau genau hin, mein lieber Schüler«, sagte der Meis-

ter leise in sein Ohr. Genau in diesem Moment tauchte eine Frau aus der Menge ihren Löffel in den Topf, um ihn dann vorsichtig in den Mund ihres Gegenübers, einem zittrigen Greis, zu schieben. Andere taten es ihr nach und der junge Mann am Tor beobachtete verzückt, wie sich die Menschen gegenseitig fütterten.
»Nun kennst du den Unterschied zwischen Himmel und Hölle!«, sagte der Meister und mit diesen Worten lösten sich die beiden Tore in Luft auf und der junge Mann erwachte aus seiner Trance. Tief bewegt verließ er seinen Lehrer, um von nun an ein Leben erfüllt von Mitgefühl und Großzügigkeit zu führen.

Mitgefühl und Großzügigkeit lassen uns die Angst vergessen.

Die inneren Dämonen einladen

Die Übung von Achtsamkeit
ist nichts anderes als die Übung
von liebevoller Zuwendung.
Thich Nhat Hanh

Wir alle werden im Laufe unseres Lebens von unangenehmen und unheilvollen Gedanken und Gefühlen geplagt, niemand bleibt davon verschont. Bei dem einen ist es die Angst, beim anderen sind es Verzweiflung, Wut oder gar Hass. Im tibetischen Buddhismus werden diese negativen Geisteszustände und Emotionen auch als »innere Dämonen« bezeichnet. Doch anstatt die Dämonen zu bekämpfen, legt man in dieser Tradition Wert darauf, sie gezielt einzuladen, um sie genau zu erforschen.

Man geht davon aus, dass der Dämon im Grunde als Beschützer auftreten möchte, er aber aus unbewussten Ursachen aus dem Ruder gelaufen ist und nun unkontrolliert in Herz und Geist wütet.

Mit der folgenden Übungs lässt sich behutsam erforschen, was die eigentlichen Absichten dieses Beschützers sein könnten.

ÜBUNG

Mit der Angst in Dialog treten

Falls Sie unter Panikattacken leiden, ist es ratsam, sich für diese Übung einen Tag auszusuchen, an dem Sie einigermaßen stabil sind. Einmal mehr möchte ich an dieser Stelle betonen, wie wichtig es ist, vor allem in Situationen akuter Angst liebevoll mit sich selbst umzugehen.

Um in Dialog mit Ihrem Innersten zu treten, benötigen Sie zwei Stühle, die Sie in gebührendem Abstand einander gegenüber aufstellen, so können Sie Ihren »Dämon« zur Rede stellen, ohne dass er Ihnen zu nahe kommt.

Nehmen Sie auf einem der beiden Stühle Platz und schließen Sie die Augen. Atmen Sie einige Augenblicke lang tief ein und aus und lassen Sie so Ihren Geist ruhig werden. Machen Sie sich bewusst, dass es nichts zu befürchten gibt, wenn Sie nun gleich Ihrem Angst-Dämon begegnen; Sie können zum einen die Übung jederzeit abbrechen und zum anderen möchte sich lediglich eine Seite Ihrer Seele zeigen, die vermutlich lange verdrängt und abgespalten war. Letztendlich möchte der Dämon in das Licht Ihrer Aufmerksamkeit treten, um sich aus dem Gefängnis der Abspaltung zu befreien und aufzulösen.

Wenn wir klein sind, dann ist Abspaltung oft die einzige Möglichkeit, mit starken, furchterregenden Gefühlen umzugehen. Doch jetzt, als erwachsener Mensch, haben Sie das Zepter in der Hand, auch wenn es sich oft nicht so anfühlt. Sie können an Angst und Panik nicht sterben, vertrauen Sie mir!

Stellen Sie sich nun vor, dass auf dem Stuhl gegenüber die Angst in Gestalt eines Dämons Platz genommen hat. Wie sieht er aus? Können Sie den Dämon beschreiben? Welche Farbe hat er? Wie groß ist er? Hat er Fangzähne, mit denen er Sie in Stücke reißen möchte, oder sieht er eher aus wie ein dunkler Geist? Schauen Sie ihm direkt und neugierig ins Gesicht, und versuchen Sie, ihn innerlich nicht abzulehnen. Halten Sie Ihr Herz offen!
Beginnen Sie jetzt Ihrem Angst-Dämon Fragen zu stellen: Warum bist du hier? Was willst du mir zeigen? Wovor willst du mich beschützen? Lassen Sie sich Zeit, damit sowohl die Fragen als auch die Antworten tief aus Ihrem Herzen aufsteigen können. Versuchen Sie, dabei Ihren Verstand weitestgehend außen vor zu lassen, denn sonst beginnt er zu analysieren und Sie landen sehr schnell bei alten Glaubenssätzen und Meinungen über Ihre Angst oder Panik, die Sie sich vielleicht schon vor Jahren zurechtgelegt haben, um sie zu rechtfertigen oder schlichtweg zu überleben.
Es kann passieren, dass der Dämon stumm bleibt oder dass Sie unbefriedigende Antworten bekommen, bei denen Sie das Gefühl haben, dass sie Ihnen nicht weiterhelfen. Das macht nichts, denn das Wichtigste an dieser »Visualisierung« ist, dass Sie der Angst eine Gestalt verliehen haben und dass diese dadurch von Ihnen im wahrsten Sinne des Wortes »gesehen« wird.
Machen Sie sich jetzt im zweiten Schritt dieser Übung

bewusst, dass Ihr Dämon, egal ob Sie gerade befriedigende Antworten bekommen haben oder nicht, auch dazu da ist bzw. in der Vergangenheit da war, um Sie in gewisser Weise zu beschützen, denn Angst ist dazu da, um vor Gefahr zu warnen. Vielleicht hat Ihnen Ihr Dämon ja bereits erzählt, wovor er Sie immer beschützen wollte. Als ich meinem eigenen Dämon vor vielen Jahren diese Frage stellte, war seine Antwort eine große Überraschung für mich, denn er wollte mich vor innerer und dadurch auch vor äußerer Vereinsamung bewahren.
Ich wette, dass Ihnen Ihr Dämon nun gar nicht mehr so furchterregend erscheint, denn durch den direkten Kontakt wird er nahbar und schrumpft in der Regel zusammen.
Im dritten Teil der Übung ist jetzt Ihr mitfühlendes Herz gefragt. Nehmen Sie all Ihren Mut zusammen, falls Sie immer noch ein bisschen ängstlich sind, und versuchen Sie dem Monster, das Ihnen gegenübersitzt, Wohlwollen und Liebe entgegenzubringen. Dieser Dämon ist bzw. war für lange Zeit ein Teil von Ihnen, und als solches will er auch gesehen und vor allem geliebt werden. Nur wenn wir die dunklen Anteile in uns liebevoll und ohne Vorurteil annehmen, geben wir ihnen die Chance, sich zu zeigen – erst dann, und nur so, kann Heilung stattfinden.

4

Der Angst mit Liebe begegnen

In einer Gesellschaft, die ihre Prioritäten auf Schnelligkeit, Leistung und den perfekten äußeren Schein legt, ist das Gefühl, voneinander getrennt zu sein, vorprogrammiert. Wir fühlen uns in vielen Bereichen unseres Lebens nicht mehr miteinander verbunden, und selbst in unseren Familien und Partnerschaften reißen aufgrund unserer modernen Kultur der emotionalen Kälte immer öfter unüberwindbare Gräben auf. Viele Menschen erleben sich deshalb trotz Familie und anderer sozialer Bindungen innerlich verlassen und auf sich selbst gestellt. Das macht Angst.

Angst und Liebe sind die Kehrseiten einer Medaille.

Kehrt die Liebe in unser Leben ein, verschwindet die Angst – und ohne Liebe, Fürsorge und Mitgefühl gewinnt die Angst wieder die Oberhand.

Die Angst – eine »Einsamkeitskrankheit«

Je mehr jemand die Welt liebt,
desto schöner wird er sie finden.
Christian Morgenstern

Wir Menschen sind Herdentiere, sprich soziale Wesen, die die Erfahrung der Zusammengehörigkeit zum Überleben brauchen. Wir benötigen, zumindest periodisch, Artgenossen um uns herum, damit wir uns optimal entwickeln und entfalten können. Fühlen wir uns aber über einen längeren Zeitraum hinweg isoliert und von den anderen abgeschnitten, dann werden wir einsam. Die »Herde« gibt uns Sicherheit und Stabilität. Einsamkeit vermittelt uns hingegen das schmerzhafte und beängstigende Gefühl, mit der Welt nicht mehr in Kontakt zu sein. Wer über einen langen Zeitraum hinweg einsam ist, kann körperlich und seelisch krank werden. Die meisten Angsterkrankungen haben ihren Ursprung in der Einsamkeit.

Wir alle kennen Zeiten der Einsamkeit. Dieses schmerzhaft nagende Gefühl des Getrenntseins macht aber auch nicht vor Partnerschaften, familiären Bindungen und Freundschaften halt. Der Grund dafür ist, dass viele von uns keine wirklich tiefen, befriedigenden und bedeutungsvollen Beziehungen mehr eingehen, geschweige denn leben können – auch nicht mit sich selbst. Wir haben verlernt, uns wahrhaftig einzulassen, sowohl auf unser direktes Gegenüber als auch auf unser eigenes Herz.

Dieses »Nicht-in-Kontakt-Sein« fördert früher oder später unsere tiefsten Ängste zutage – und lässt sie mitunter zu grotesken Dämonen heranwachsen, die uns mit Haut und Haar zu verschlingen drohen. Der einzige Ausweg aus dieser Misere besteht darin, dass wir uns wieder mit uns selbst und mit anderen verbinden. Erst wenn wir wieder in der Lage sind, wirklich tiefen Kontakt zu uns selbst und zu anderen Lebewesen zu knüpfen, werden wir auch in der Lage sein, uns unseren Ängsten zu stellen.

Licht in der Dunkelheit

Angst schneidet uns vom Leben ab, wir fühlen uns alleine gelassen. Mein Therapeut, der mich über viele Jahre hinweg durch das Labyrinth meiner Panikerkrankung begleitete, sprach von sich selbst gerne als »Laternenträger«. Immer wenn wir in den Therapiestunden an meine tiefsten Ängste gelangten, sagte er zu mir: »Jetzt stehen wir wieder am Abgrund, liebe Frau Seethaler. Ich weiß, dass sich jetzt alles um Sie herum dunkel und gefährlich anfühlt, aber ich halte furchtlos die Laterne und werde Sie sicher über eine Brücke ans andere Ufer bringen!«

Jeder von uns hat einen oder sogar mehrere Laternenträger in seinem Leben. Manchmal ist es die beste Freundin oder ein Familienmitglied, oft auch der Hund oder die Katze – und wenn alle Stricke reißen, dann kann uns sogar ein Baum, den wir in der Not umarmen, zum Licht in der Dunkelheit werden. ***Halten Sie Ausschau nach diesem Licht in Ihrem Leben.***

Das innere Kind

Wähle einen schönen Platz in der Stille,
setze dich hin und sei ruhig.
Wenn du willst, dann weine.
Zenspruch

Panikattacken oder Phobien überfallen uns häufig in den ungünstigsten Augenblicken und können den Alltag enorm einschränken. Das geht meist so weit, dass wir beginnen, Erfahrungen und Erlebnisse, die mit der Angst gekoppelt sind, zu meiden. Dadurch wird die Lebensqualität extrem eingeschränkt.
Die folgende kurze Übung können Sie jederzeit bei akuter Angst, die nichts mit realen, äußeren Bedrohungen zu tun hat, anwenden.

ÜBUNG

Akute Angst liebevoll vertrösten

Wenn wir genau hinsehen, dann »benehmen« sich manche Ängste wie ungezogene Kinder. Sie brechen wild und ungestüm an die Oberfläche und beanspruchen unsere

sofortige ungeteilte Aufmerksamkeit. Haben wir gerade etwas anderes, Wichtigeres zu erledigen, dann sagen wir zum Kind: »Jetzt nicht, mein Liebling, aber ich verspreche dir, dass ich mich um dein Anliegen kümmern werde, sobald ich hier fertig bin. Bitte warte noch einen Moment.«
Das Gleiche können wir auch zu unserem ängstlichen »inneren Kind« sagen: »Ich weiß, dass es schrecklich für dich ist, in einem Fahrstuhl zu fahren, aber da müssen wir jetzt durch. Sobald wir angekommen sind, kümmere ich mich um dich.« Oder: »Diese Angst ist unbegründet, das weißt du, mein Schatz. Du schaffst das jetzt, danach kümmern wir uns darum. Das verspreche ich dir.«
Es ist wichtig, dass Sie Ihrem »inneren Kind« versprechen, sich später darum zu kümmern, denn dieses Versprechen regt tief im Herzen eine alte Wunde dazu an, Ihre Heilungskräfte in Bewegung zu setzen. Viele Menschen haben in ihrer Kindheit unterschiedliche Formen von Vernachlässigung erlitten, die Ängste nach sich zogen, an denen sie dann bis ins Erwachsenenalter zu leiden haben. Diese Ängste »entarten« meist im Laufe des Lebens und zeigen sich später dann u.a. in Form von Platzangst oder anderen Phobien.

Sich um das »innere Kind« zu kümmern bedeutet nicht zwangsläufig, sich in therapeutische Hände begeben bzw. die Angst analysieren zu müssen. Es reicht schon, wenn Sie in einem ruhigen Augenblick kurz nach innen lauschen und sagen: »Jetzt bin ich für dich da. Ich weiß, dass es vorher unangenehm für dich war, aber ich bin wirklich stolz auf dich, dass du die Situation gemeistert hast. Egal was kommt, ich werde dich niemals im Stich lassen!« Genau wie ein Kind aus Fleisch und Blut braucht auch Ihr »inneres Kind« einfach nur die Sicherheit, dass Sie es nicht verlassen werden.

Mitgefühl und liebende Güte entwickeln

Das Mitgefühl mit uns selbst schenkt uns das Vermögen, die Verurteilung in Vergebung zu verwandeln, den Hass in Freundschaft und die Furcht in Respekt vor allen Lebewesen.

Jack Kornfield

Mitgefühl ist das zentrale Thema vieler buddhistischer Schulen. Praktizieren wir im Alltag aktiv Mitgefühl, dann wird die Weisheit des Buddha in uns selbst wieder lebendig.

Mitgefühl im Sinne von einem empathischen Mitfühlen, das aktives Handeln folgen lässt, entsteht aus dem tief erlebten Wissen heraus, dass wir alle mit- und untereinander aufs Engste verbunden sind. Wir sind nicht voneinander getrennt. Ein von

der Täuschung des Getrenntseins befreites Herz ist von Natur aus mitfühlend und ohne Angst, denn es erkennt sich selbst in allem wieder.
Wirkliches Mitgefühl ist nicht mit Mitleid gleichzusetzen. Mitgefühl ist geprägt von freundlicher Fürsorglichkeit sich selbst und anderen gegenüber. Erst wenn wir gelernt haben, unseren eigenen Schmerz tief zu fühlen, sind wir auch in der Lage, uns selbst und andere besser zu verstehen.
Mitgefühl geht immer auch mit einer zärtlichen Gelassenheit einher, die es uns ermöglicht, für uns selbst und für den anderen ganz da zu sein.

ÜBUNG

Sich selbst Mitgefühl schenken

Ziehen Sie sich für diese Übung an einen ruhigen Ort zurück, an dem Sie nicht gestört werden. Mitgefühls-Meditation kann eine große Herausforderung für das Herz sein, denn wir konfrontieren uns dabei ganz bewusst mit unserem eigenen Schmerz. Es ist deshalb wichtig, dass Sie sich dafür eine angenehme und sichere Atmosphäre schaffen, indem Sie sich vielleicht eine warme Decke um die Schultern legen und eine Kerze anzünden.
Begeben Sie sich nun in eine bequeme, aber aufrechte Sitzhaltung. Stellen Sie dabei sicher, dass Ihre Wirbelsäule ent-

spannt aufgerichtet ist, damit der Atem frei fließen kann. Lassen Sie Ihre Hände locker im Schoß ruhen und schließen Sie die Augen. Machen Sie zunächst ein paar tiefe Atemzüge. Atmen Sie dabei mit geschlossenem Mund durch die Nase ein und dann mit einem hörbaren Laut durch den geöffneten Mund wieder aus. Richten Sie dann Ihre Aufmerksamkeit auf das regelmäßige Heben und Senken der Bauchdecke, bis Sie bemerken, wie Ihr Geist sich vom Alltagsgeschehen abwendet und sich langsam beruhigt.

Visualisieren Sie nun vor Ihrem inneren Auge sich selbst und die Angst oder eine andere Situation, an der Sie leiden. Versuchen Sie in Körper und Geist zu lokalisieren, wo genau der Schmerz im Moment sitzt. Wo sind Sie emotional verletzt? Worunter leiden Sie? Wie drückt sich das im Körper aus? Falls es Ihnen schwerfällt, sich den eigenen Wunden bzw. der Angst mitfühlend zuzuwenden, stellen Sie sich vor, wie Sie sich durch die Augen des Buddha betrachten. Das Herz des Buddha kann alles tragen, nichts ist ihm fremd, nichts zu schwer. Vertrauen Sie sich wie ein Kind der unermesslichen Güte des Buddha an (bzw. wählen Sie ein Wesen, das für Sie die Fähigkeit zu tiefstem Verständnis und Mitgefühl verkörpert. Das kann auch eine Märchenfigur sein, Meister Yoda aus Star Wars oder das Idealbild einer gütigen Großmutter).

Sich selbst Mitgefühl entgegenzubringen ist für manche Menschen nicht leicht. Verurteilen Sie sich nicht, wenn es nicht gleich auf Anhieb klappt. Richten Sie nun im Stillen einen der folgenden Sätze – Sie können sich auch einen eigenen Satz mit ähnlichem Inhalt ausdenken – an Ihr verletztes Herz:

Möge ich frei sein von Angst und Kummer.
Möge ich lernen, meine Verletzungen anzunehmen und zu akzeptieren.
Mögen meine Wunden heilen.
Möge ich Frieden finden.

Wahres Mitgefühl wird im Buddhismus mit einem »Beben des Herzens« umschrieben. Vielleicht fühlen Sie dieses angenehme Vibrieren jetzt auch. Es kann aber durchaus auch sein, dass das Beben Schmerzen verursacht, denn ein offenes, mitfühlendes Herz ist weicher und in gewissem Sinne auch verletzlicher als ein starres, ablehnendes Herz. Nehmen Sie dieses Erzittern wie eine fürsorgliche Mutter sanften Blickes wahr. Falls Sie Sorge haben, davon übermannt zu werden, kehren Sie einen Moment lang zum Beobachten der Bauchdecke zurück. Auch wenn es sich gerade anders anfühlt: Einem geöffneten Herzen kann nichts passieren, denn es weiß in der Tiefe, dass es mit seiner Not nicht alleine, sondern mit allem, mit der Welt und dem Leben an sich, untrennbar verbunden ist.
Wiederholen Sie Ihren Satz ein paar Minuten lang immer wieder und gehen Sie jedes Mal aufs Neue damit in Resonanz. Lassen Sie Ihr Herz erbeben und seien Sie sich dabei selbst die fürsorgliche Mutter, die Sie sich vielleicht immer schon gewünscht haben. Beenden Sie die Übung, indem Sie eine Hand über Ihr Herz legen und es schlagen fühlen. Atmen Sie mehrmals tief durch und öffnen Sie dann die Augen.

Auf den vorangegangenen Seiten habe ich Ihnen aufzuzeigen versucht, wie wichtig es generell ist, sich mit anderen zu verbinden bzw. zu verbünden, um nicht das Gefühl zu haben, vollkommen alleine auf dieser Welt dazustehen. Doch auch wenn gerade niemand da ist und wir tatsächlich buchstäblich alleine sind, können wir uns doch auf einer energetischen Ebene mit anderen, ja sogar mit dem ganzen Universum verbinden – und hier kommt nun, für dieses Buch in leicht abgeänderter Form, eine weitere Übung in Form eines Wunschgebetes ins Spiel: die Liebende-Güte-Meditation.

ÜBUNG

Love around the world

Setzen Sie sich bequem auf einen Stuhl oder in einen Sessel und schließen Sie die Augen. Wenn Sie möchten, dann können Sie auch eine klassische Meditationshaltung auf dem Kissen einnehmen. Machen Sie sich zunächst Ihr Alleinsein bewusst, auch wenn es schmerzhaft ist. In buddhistischen Kreisen spricht man davon, dass erst durch die Sprünge und Brüche eines verletzten oder gar gebrochenen Herzens das Licht von Mitgefühl und Liebe leuchten kann. Zuvor ist das Herz von einem dicken Panzer ummantelt, der zu großen Teilen aus Abwehr und alten Konditionierungen besteht. Erst wenn dieser Panzer aufbricht, kann sich das Licht von innen seinen Weg nach außen bahnen.

Fühlen Sie nun also bewusst in diese Verletzungen hinein – soweit es Ihnen im Moment möglich ist. Spüren Sie Ihr physisches Herz, das geduldig schlägt, um Ihren Körper am Leben zu halten, und zugleich das emotionale Herz, das vielleicht übersät ist von seelischen Narben und noch nicht ganz verheilten Wunden. Stellen Sie sich vor, dass aus jeder Wunde sanftes Licht strahlt, gespeist von einem wunderschönen, klaren Diamanten, der tief in Ihrem Herzen verborgen liegt.

Dieser Diamant versinnbildlicht alle Attribute, die ein freies Herz ausmachen: grenzenlose Liebe, tiefe Weisheit und Klarsicht, unerschütterliche Gelassenheit in den Stürmen des Lebens und unendliche Freude. Jeder Einzelne von uns trägt diesen Diamanten in sich; er symbolisiert das, was jedes fühlende Wesen buchstäblich im Kern ausmacht.

Konzentrieren Sie sich nun auf dieses Licht, auch wenn es im Moment vielleicht nur aus wenigen, schmalen Ritzen leuchtet, und verbinden Sie es mit dem folgenden Wunschgebet:

> Mögen alle fühlenden Wesen auf diesem Planeten glücklich und frei von Leiden sein, und mögen sie zum Wohle aller verantwortungsvoll und mitfühlend mit ihren Herzen umgehen.

Schicken Sie das Gebet, zusammen mit dem »Herzenslicht«, das von Ihrem inneren Diamanten gespeist wird, einmal rund um die Welt und senden Sie es anschließend hinaus ins Weltall. Verbinden Sie die Worte mit Menschen, Tieren, Städten, Ländern, Landschaften, Planeten und Galaxien, die Ihnen willkürlich in den Sinn kommen. Wünschen Sie mit jeder Faser Ihres Herzens und verschenken Sie Ihr Licht mit vollen Händen, denn je mehr Sie geben, desto mehr fließt aus dieser unerschöpflichen Quelle in Ihrem Inneren nach. Beenden Sie diese Übung erst, wenn Sie sich selbst satt, genährt und mit allem verbunden fühlen.

Wir haben oft Angst, unser Herz für die Liebe zu öffnen, weil wir Verletzung und Schmerz fürchten. Dabei vergessen wir, dass es gerade diese Narben und Brüche sind, die uns weich und mitfühlend für andere werden lassen.

Das schönste Herz der Welt

Eines Tages erklärte ein junger Mann mitten auf dem Marktplatz seiner Heimatstadt den erstaunten Umstehenden, dass er das schönste Herz der Welt habe. Während er sprach, hielt er sein Herz in die Höhe, wo es im Sonnenlicht strahlte und funkelte. Eine immer größer werdende Menschenmenge versammelte sich, um das Herz zu bewundern, denn es war wahrlich perfekt und von unglaublicher Schönheit. Kein einziger Fleck verunstaltete sein makelloses Rot und die Haut war frei von Narben. Ja, es war tatsächlich das schönste Herz, das sie alle jemals gesehen hatten.

Der junge Mann war also zu Recht sehr stolz und er tat seine Freude über das schöne Herz lauthals kund. Da tauchte plötzlich ein alter Mann auf und trat vor die Menge. Seine klugen, vom Alter getrübten Augen richteten sich gütig auf den Jüngeren, der sein Herz immer noch wie eine Trophäe gen Himmel streckte.

»Nun, dein Herz ist tatsächlich sehr hübsch, aber es ist nicht annähernd so schön wie das meine«, sagte er mit einem leisen Lächeln auf den Lippen. Mit diesen Worten öffnete er seinen Mantel und holte sein Herz hervor.

Das Herz, das sich nun der staunenden Menge offenbarte, war nicht nur über und über mit Narben und Schrammen bedeckt, ihm fehlten auch einige Stücke und an manchen Stellen war es nur notdürftig geflickt. Der junge Mann kam näher, um es besser betrachten zu können. Er sah, dass sich tiefe Furchen in das Fleisch des Herzens gegraben hatten. Viele Wunden hatten ausgefranste Ränder und schienen auf den ersten Blick noch gar nicht ganz verheilt. An einigen Stellen klafften tiefe Löcher, aber trotz all dieser Verletzungen schlug das Herz regelmäßig in der ausgestreckten Hand des Alten.

Die Menge war verstummt und starrte teils angewidert, teils erschrocken auf das jämmerliche Ding. Wie kann er nur behaupten, sein Herz sei schöner als das des Jungen, dachten viele, und auch der junge Mann konnte sein Unverständnis nicht verhehlen. »Du machst Witze, alter Mann«, sagte er herablassend, »dein Herz ist übersät von Wunden und hässlichen Narben, das meine ist hingegen makellos!«

»Nun«, erwiderte der alte Mann, »wie gesagt, dein Herz ist wirklich sehr hübsch, aber ich würde niemals mit dir tauschen wollen, denn jede Narbe auf meinem Herzen steht für einen Menschen, dem ich einmal meine Liebe geschenkt habe. Wenn ich liebe, dann reiße ich ein Stück meines Herzens heraus und überreiche es dem anderen, und sehr oft bekomme ich dafür im Gegenzug ein Stück seines Herzens, das die leere Stelle in meinem Herzen ausfüllt. Aber weil die Stücke oft nicht passgenau sind, gibt es da einige ausgefranste, raue Kanten, die ich dennoch sehr schätze, denn sie erinnern mich an die Liebe, die wir einst teilten. Manchmal habe ich auch ein Stück meines Herzens gegeben, ohne dass ich etwas dafür zurückbekommen habe. Das sind die leeren Furchen und Löcher, die du hier siehst. Auch wenn diese Furchen mitunter immer noch wehtun, trage ich sie dennoch mit Freude, denn sie erinnern mich an die Liebe, die ich für diese Menschen nach wie vor empfinde. Ich halte die Stellen offen, denn vielleicht kommen sie eines Tages doch noch zurück und füllen diesen Platz mit einem Teil ihres eigenen Herzens. Erkennst du jetzt, was ein perfektes und wirklich schönes Herz ausmacht?«

Der junge Mann hatte aufmerksam zugehört. Er stand regungslos da und Tränen liefen über seine Wangen. Er blickte hinunter auf das perfekte Herz, das ruhig schlagend in seinen Händen ruhte. Liebkosend strich er über die glatte Haut, dann riss er plötzlich mit einem Ruck ein Stück heraus und reichte es dem alten Mann.
Dieser lächelte dankbar und setzte es an einen leeren Platz in seinem Herzen. Dann nahm er seinerseits ein Stück aus seinem vernarbten Herz und füllte damit die Wunde im Herzen des Jungen. Es passte nicht nahtlos und hatte auch nicht die gleiche Farbe, aber das Herz war nun schöner als je zuvor, und der junge Mann spürte, wie langsam, aber stetig die Liebe des Alten durch seine Adern zu fließen begann. Die beiden umarmten sich innig, griffen sich an den Händen und verließen gemeinsam den Marktplatz.

5

Achtsamer Umgang mit Bedrohungen

In den letzten Jahren scheint unsere Welt immer mehr aus den Fugen zu geraten. Kriege und Terroranschläge geben uns das Gefühl, dass sich die Menschheit, zerfressen von Hass und Gier, am Rande des Abgrunds befindet. Nichts scheint mehr sicher, alles gerät ins Wanken. Wir haben Angst, dass der Terror die Werte und Sicherheiten unseres Heimatlandes zerstört bzw. uns und unsere Lieben vielleicht sogar das Leben kosten könnte. Zwar ist die Wahrscheinlichkeit, im Straßenverkehr oder bei einem Haushaltsunfall zu sterben, um ein Tausendfaches höher, als bei einem Terroranschlag ums Leben zu kommen. Dennoch sind wir zutiefst verängstigt aufgrund dieser gewalttätigen Geschehnisse der letzten Jahre, denen wir uns ohnmächtig ausgeliefert fühlen. Durch die Anschläge in Europa haben wir sogar das Gefühl, plötzlich mittendrin zu sein.

Hinzu kommt, dass die hohe Aufmerksamkeit der Medien für Geschehnisse, die Angst und Schrecken verbreiten, uns das trügerische Gefühl vermittelt, stets live dabei zu sein; das setzt viele Menschen zusätzlich unter Stress.

Unsere größten Ängste

Die Erde wird sicher sein,
wenn wir uns in uns selbst sicher fühlen.
Thich Nhat Hanh

Einer Umfrage zufolge, die 2016 von einer großen deutschen Versicherung in Auftrag gegeben wurde, erreichte in dem Jahr erstmals die Furcht vor Terroranschlägen Platz eins auf der Liste der »Größten Ängste der Deutschen«, dicht gefolgt von der Angst vor politischem Extremismus, der Sorge, dass es zu unüberwindbaren Spannungen mit den vielen Einwanderern kommen könnte, und der Angst vor Armut wegen der Kosten durch die Schuldenkrise. Die Angst vor einem Krieg, an dem unser Land beteiligt sein könnte, lag zwar auf dem letzten Rang, zeigte aber auf, dass sie in unseren Köpfen und Herzen durchaus existiert. Sorgen um die eigene Gesundheit, Existenzängste und die

Angst vor der Zerstörung der Umwelt rangierten bei dieser Umfrage, im Gegensatz zu früher, wo sie die ersten Plätze für sich beanspruchten, nur noch im Mittelfeld.

Die dunkle Seite in uns selbst

Der Schatten ist alles das,
was du auch bist,
aber auf keinen Fall sein willst.
C.G. Jung

Hat in den letzten Jahren der Hass auf dieser Welt extrem zugenommen? Oder ist er einfach aufgrund der Medien und der allgegenwärtigen Verfügbarkeit von Internet und Smartphone offensichtlicher geworden? Vielen von uns fällt es jedenfalls sehr schwer, sich in Menschen, die Gewalt bis hin zu Mord und Totschlag ausüben, hineinzuversetzen und ihre Motivation zu verstehen.
Wenn wir aber wirklich begreifen wollen, was da gerade vor sich geht und warum Werte wie Mitgefühl und die Achtung vor dem Leben bei manchen Menschen nicht vorhanden zu sein scheinen, dann ist es meines Erachtens notwendig, sich nicht nur

unserer tief sitzenden Angst vor Terror und Gewalt zu stellen, sondern auch unserer eigenen Gewalttätigkeit. Nur so können wir verhindern, dass wir in eine Angstspirale geraten, die uns letztlich in eine sogenannte Angststarre bis hin zu Panikattacken führen kann – was sowohl unsere innere Freiheit als auch den äußeren Radius, in dem wir uns angstfrei bewegen können, stark einschränkt. Sich auch der eigenen, mitunter tief verborgenen Gewalttätigkeit und der damit einhergehenden Wut zu stellen hilft uns, die Geschehnisse in einem größeren Zusammenhang zu sehen und auf einer tieferen Ebene zu verstehen – und zwar nicht nur intellektuell, sondern auch im Herzen.

Ich höre Sie schon sagen: »Aber ich bin doch nicht gewalttätig und so viel Hass wie bei diesen Menschen, die Terroranschläge verüben, habe ich bestimmt nicht in mir!« Nun, das dachte ich auch immer, und vielleicht stimmt es in Ihrem Fall ja auch, aber was meine Person betrifft, wurde ich leider eines Besseren belehrt.

Vor einigen Jahren besuchte ich einen mehrwöchigen Meditationskurs, der komplett in Stille abgehalten wurde. Wir schwiegen nicht nur drei Wochen lang, wir wurden auch angehalten, nicht mit den anderen Teilnehmern durch Mimik oder Gestik zu interagieren. Wir waren in Einzelzimmern untergebracht, nahmen aber die Mahlzeiten gemeinsam im Speisesaal ein. Nach ein paar Tagen fiel mir dort ein schwarzhaariger Mann auf, der auffallend laut kaute und schmatzte. Da auch die Nahrungsaufnahme im Schweigen stattfand, wirkten Essensgeräusche und das Kratzen des Bestecks auf den Tellern besonders laut. Zunächst war ich nur irritiert, doch langsam, aber stetig schwoll in mir eine ungewöhnlich heftige und unangebrachte Wut an, und nach einer Woche war mein Geist so weit, dass er sich regelrecht auf diese Geräusche fixierte, selbst wenn der Mann am Ende des Speisesaals saß.

Aber es kam noch schlimmer! Obwohl unsere Lehrerin uns explizit dazu aufgefordert hatte, den Blick stets gesenkt zu halten, um zu vermeiden, mit den anderen Kursteilnehmern Blickkontakt aufzunehmen, begann ich nach dem »Objekt« meines Ärgers Ausschau zu halten – und zeitgleich begann mein Geist, erfundene Geschichten um diesen Mann herum zu spinnen, denen ich vorbehaltlos glaubte. Ich befand mich bereits, ohne es zunächst zu bemerken, in einer »Hass-Spirale«.

Zu Beginn kamen noch einigermaßen »gemäßigte« Gedanken in mir hoch wie: Kann sich der nicht benehmen? Hat der keine Tischmanieren? Muss der in der Meditationshalle immer so laut atmen? ... usw. Doch mit jedem Mal, wo ich ihn direkt in Augenschein nahm, wurden die Gedanken massiver: Das ist sicher ein Ausländer, bei dem schwarzen Haar! Die haben dort, wo der herkommt, anscheinend keine gute Kinderstube! Was will der überhaupt hier? ... Ich war zwar schockiert über mich selbst und schämte mich zunehmend, konnte aber aus unerfindlichen Gründen nicht mehr aus meinem Gedankenkarussell aussteigen. Die Wut, die allmählich in Hass überging, war zu groß.

Ich bin eine Frau, die schon seit ihrer Jugendzeit die Welt bereist; bis zu diesem Zeitpunkt war mir Fremdenhass wirklich vollkommen fremd, ich hatte schlichtweg keine Ahnung, aus welcher Quelle in mir diese ausländerfeindlichen Parolen nun an die Oberfläche drängten. In der zweiten Woche, als ich schon damit begonnen hatte, dem armen Mann aufzulauern, um meinem Hass im Stillen immer weiter Nahrung zu liefern, bat ich um ein Gespräch bei meiner Lehrerin. Ich war sehr verzweifelt und von mir selbst angewidert. Meine Lehrerin hörte mir geduldig und vor allem ohne spürbare Vorurteile zu, dann sagte sie zu mir: »Nun zeigt sich, dass deine Achtsamkeitsmeditation langsam Früchte trägt, denn früher oder später müssen diese verborgenen Gefühle nach oben kommen, da-

mit sie verstanden und letztendlich losgelassen werden können.«
Sie erklärte mir, dass solch starke Gefühle, mit den einhergehenden, mitunter sehr befremdlichen Gedanken, auch kollektiver oder anerzogener Natur sein können. Wächst man, wie die meisten von uns, in einer Familie auf, in der beispielsweise die Großeltern oder gar die Eltern noch den Zweiten Weltkrieg erlebt haben, dann ist es höchstwahrscheinlich, dass unverarbeitete Gefühle – dazu kann auch der Hass auf die damaligen Gegner gehören – unbewusst auf die nachfolgenden Generationen übertragen werden. Eine meiner irrationalen Geschichten um den dunkelhaarigen Mann beinhaltete tatsächlich Gedankengänge um dessen Nationalität; ich siedelte ihn im Osten an und tippte auf Ungarn oder Rumänien, was eigenartigerweise zu noch mehr Wut führte. Später, lange nach dem Retreat, erfuhr ich, dass mein Großvater während des Krieges nahe der ungarischen Grenze stationiert war und von dort desertierte. Darauf stand die Todesstrafe, aber er hielt sich wohl bis Ende des Krieges erfolgreich versteckt.
Nun stellte sich natürlich die Frage, wie sollte ich achtsam mit diesem Hass umgehen? Ihn an dem armen, unschuldigen Mann auslassen war freilich keine Option, doch mit dem Ratschlag meiner

Lehrerin hatte ich auch nicht gerechnet. Sie riet mir zu einer Art »Wunschgebet«, das Sie in seiner ursprünglichen Form bereits an anderer Stelle kennengelernt haben (siehe S. 86f.). Doch dieses Mal sollte es nicht um Mitgefühl mir selbst und dem Mann gegenüber gehen, sondern um die reine Konfrontation mit meinem Hass – getragen von Achtsamkeit und Klarsicht.

Die Idee hinter solch einem radikalen »Wunsch« ist ein tiefes Erfahren und Ausleuchten der eigenen »dunklen Seiten«, die in jedem von uns, meist verdrängt oder vergessen, schlummern und nur darauf warten, irgendwann zu explodieren und Schaden anzurichten. Betrachtet man diese Schattenseiten auf achtsame Art und Weise und ohne Ablenkung (dabei hilft das »Wunschgebet«, denn es hält den Fokus darauf), dann können diese Gefühle, unter dem fachkundigen Auge des Lehrers oder der Lehrerin, zutage treten, ohne unkontrolliert ausagiert werden zu müssen.

Und so verbrachte ich die restliche Zeit des Kurses mit dem Satz »Möge dieser Hass bis ans Ende meiner Tage anhalten!«, den ich immer und immer wieder im Stillen vor mich hinsagte, um gleichzeitig mit jeder Wiederholung ein Stück tiefer in das schreckliche Gefühl hineinzugehen. Es war die Hölle, und es gab Zeiten, wo ich einfach nur noch nach Hause wollte, doch ich blieb am Ball. Schicht um Schicht legte ich den Hass in mir frei, bis ich an seine Wurzel stieß: die eigene Verlassenheit, das persönliche Gefühl von Ausgestoßensein, die Ausgrenzung durch andere, sei es als kleines Kind in der Familie oder später in der Schule. Ich weinte, ich trauerte, und langsam, aber stetig löste sich der Hass in Luft auf.

Weinen und Trauern wirken auf unsere Seele zum einen wie Ventile, aus denen der angestaute Druck entweicht, und zum anderen wie heilsame Kräuter und Verbände, die dem Herz gestatten, alte Wunden zum Heilen zu bringen.

Am Ende des Kurses hing ein Zettel am schwarzen Brett, auf dem man sich eintragen konnte, um eine Mitfahrgelegenheit anzubieten. Dreimal dürfen Sie raten, wer sich bei mir eingetragen hat: der dunkelhaarige Mann. Wir hatten eine sehr lustige und anregende Heimfahrt. Mein »Hassobjekt« entpuppte sich als feinsinniger Musiklehrer aus dem Allgäu mit einem bayerischen Stammbaum, den man bis ins Mittelalter zurückverfolgen konnte. Er hat nie erfahren, was er während des Retreats in mir ausgelöst hat.

Wir können Hass nur verstehen, wenn wir ihn auch in uns selbst erkennen. Erst dann können wir Gewalt und Terror entschlossen und sogar mitfühlend entgegentreten.

Mut und Menschlichkeit

Wahre Helden sind nicht diejenigen, die Kälte und Härte an den Tag legen oder die ohne Rücksicht auf Verluste ihre Ziele durchsetzen, sondern Menschen, die selbst in schrecklichsten Lebensumständen, wie zum Beispiel als Soldat im Krieg, noch Menschlichkeit und Mitgefühl zeigen. Wahre Größe zeigt sich, wie in der folgenden Geschichte, in Empathie, Bescheidenheit und in dem Mut, die eigenen Verletzungen und Ängste nicht zu verbergen.

Der Kriegsheld

Die kleine Marie war zehn Jahre alt, als ihr Onkel Peter aus dem Krieg nach Hause zurückkehrte. Im Dorf erzählte man sich, dass Peter ein Kriegsheld sei, doch Marie konnte sich nichts darunter vorstellen. Sie erinnerte sich zwar nur noch vage an den jüngeren Bruder ihres Vaters vor dem Krieg, aber sie wusste noch ganz genau, wie schüchtern er immer auf den Familienfeiern in einer Ecke gesessen hatte. In Maries Vorstellung war ein Held ein großer, starker und furchteinflößender Kerl, der gegen böse Mächte kämpfte und die Guten beschützte. Onkel Peter aber war das genaue Gegenteil: ein kleiner, dicklicher Mann mit spärlichem Bartwuchs, leicht kurzsichtigen Augen und einem scheuen Lächeln auf den schmalen Lippen.

Als Onkel Peter aus dem Krieg zurückkehrte, wurde er mit allen Ehren im Dorf empfangen. Der Bürgermeister schüttelte ihm die Hand und steckte ihm einen Orden an den Kragen seiner staubigen Uniform, und die Menschen jubelten. Marie konnte sehen, dass ihr Onkel dünn und irgendwie kantig geworden war, aber wie ein Held sah er in ihren Augen überhaupt nicht aus. Außerdem war er ohne ihren Vater von der Front zurückgekommen und Marie fand im Geheimen, dass Onkel Peter besser auf ihren Papa hätte aufpassen müssen.

Ihre Mama weinte die ganze Zeit über während der Feierlichkeiten für den Kriegshelden und erzählte ihr dabei unter Tränen, dass Onkel Peter auf dem Schlachtfeld vielen Männern das Leben gerettet hatte. Nach einem besonders schlimmen Kampf war er unter Lebensgefahr mit Verbandsmaterial losgezogen und hatte die Verwundeten versorgt, obwohl der Feind noch in den Büschen lauerte. Vor dem Krieg war Onkel Peter Arzt gewesen, er wusste also, was zu tun war. Manche Männer waren allerdings so schlimm verletzt, dass er nichts mehr für sie tun konnte, aber er versprach denen, die noch bei Bewusstsein waren, dass er ihren Angehörigen eine letzte Nachricht würde zukommen lassen. Er sammelte Fotos von den Daheimgebliebenen ein und ließ sich Adressen geben, und währenddessen schlugen immer noch vereinzelte Schüsse neben ihm in die Erde ein. Marie verstand nun, dass Onkel Peter wirklich ein Held war!

Ein paar Tage später, nachdem sich die Wogen um den mutigen Kriegsheimkehrer wieder geglättet hatten, fasste sich Marie ein Herz, um Onkel Peter eine wichtige Frage zu stellen, die ihr seit seiner Rückkehr auf dem Herzen brannte: Wie schaffte man es, vollkommen ohne Angst zu sein?

Marie selbst hatte nämlich vor vielen Dingen Angst. Sie hatte Angst vor der Dunkelheit und vor großen Hunden. Sie fürchtete sich vor Karl, dem wilden Nachbarsjungen, der ihr immer Streiche spielte, und sie hatte immer noch schreckliche Angst davor, dass ihr Papa nicht aus dem Krieg heimkommen würde.

»Onkel Peter, du bist doch sehr tapfer«, sagte sie und blickte ihm dabei bewundernd in das noch immer sanft und schüchtern wirkende Gesicht, »und wenn man tapfer ist, dann hat man überhaupt keine Angst mehr, oder?«

»Aber nein, mein Liebes«, antwortete da der Onkel, »im Gegenteil, ich habe mich an jedem Tag auf dem Schlachtfeld sogar so sehr gefürchtet, dass ich mir dabei fast in die Hosen gemacht hätte!«

»Aber warum hast du dann einen Orden bekommen?« Marie war fassungslos.

»Tapfer zu sein bedeutet doch nicht, dass man keine Angst mehr hat, Mariechen! Ein tapferer Mensch lässt sich von seiner Angst nicht einschüchtern. Sei es, um anderen zu helfen oder um sich selbst in Sicherheit zu bringen. Jeder Mensch fürchtet sich im Krieg oder in anderen schlimmen Situationen, das ist ganz normal, Marie. Aber wenn wir in genau diesen Situationen den Mut fassen, trotzdem weise und besonnen zu handeln, dann sind wir tapfer.«

Es ist so wichtig, sich dem eigenen Hass, aber auch den schlimmsten Ängsten zu stellen, denn wenn wir wirklich etwas ändern und die Welt zum Guten wenden wollen, dann müssen wir bei uns selbst anfangen. Aber manchmal sind unsere Emotionen so stark, dass wir das Gefühl haben, von ihnen überwältigt zu werden. Die folgende Übung, die in ihrer ursprünglichen Form von meinem Lehrer Mooji stammt, kann Ihnen dabei helfen, all Ihre Gefühle, und seien sie noch so »dunkel« und schmerzhaft, da sein zu lassen, ohne von ihnen vereinnahmt zu werden.

ÜBUNG

Kinderseelen

Legen Sie sich auf eine bequeme Unterlage langgestreckt hin. Wenn Sie mögen, dann decken Sie sich zu, damit Ihr Körper nicht auskühlt. In Zeiten von Gewalt und Terror sehnen wir uns nach Geborgenheit. Wir suchen nach Orten, an denen wir uns aufgehoben, beschützt, aber auch frei fühlen können. Eine wärmende Decke symbolisiert der Seele Geborgenheit und Schutz.

Atmen Sie zunächst ein paarmal tief und bewusst ein und suchen Sie dann in Ihrem Innersten nach einem Ort bzw. nach einem Bild, das für Sicherheit und Freiheit zugleich steht. Als Beispiel begleiten Sie mich nun auf eine bunte Sommerwiese – meine eigene Vision von Geborgenheit und Leichtigkeit zugleich –, Sie können später natürlich auch jeden anderen, für Sie passenderen Ort visualisieren. Stellen Sie sich jetzt aber vor, wie Sie auf dieser Wiese liegen und in den blauen Himmel hinaufblicken. Um Sie herum wabern Blumendüfte, Grillen zirpen und der Wind streicht sanft über Ihr Gesicht. Alles ist gut.

Allerdings sind Sie nicht ganz alleine, denn auf der Wiese spielen, in einigem Abstand zu Ihnen, ein paar kleine Kinder – Ihre Kinder, auch wenn Sie in Wahrheit vielleicht gar keine haben. Da ist ein ängstliches Kind, das immer wieder zu Ihnen läuft, um sich zu versichern, dass Sie noch da sind. Da ist ein kleiner Rabauke, dessen Stimme laut zu Ihnen herüberschallt. Sie wissen, Sie müssen ein Auge auf ihn haben, sonst schlägt er vielleicht um sich und verletzt die anderen womöglich. Sie werden handeln, wenn es nötig ist, aber bis dahin bleiben Sie weiterhin entspannt liegen. Da ist auch eine kleine Besserwisserin, die die anderen kontrollieren will und dem ängstlichen Kind mit ihrem Geschwätz manchmal Angst einjagt.

Vielleicht fallen Ihnen noch mehr Kinderseelen ein, die die verschiedensten Gefühlsaspekte Ihres Herzens symbolisieren. Sie alle haben auf dieser großen Wiese Platz zum Spielen, stets liebevoll von Ihnen wahrgenommen, ohne dass Sie aber aktiv involviert sind. Die Wiese ist der sichere und geborgene Ort, wo sich Ihre Kinder, sprich Ihre Emotionen und Charaktereigenschaften, frei entfalten können – und Ihr Herz wacht über sie alle wie eine unvoreingenommene liebende Mutter.

Suchen Sie diesen »Seelen-Ort« so oft wie möglich auf, um Ihr Innenleben immer besser kennenzulernen und dadurch tiefer zu verstehen.

Es ist wichtig, dass Ihre Gefühle einen inneren Ort haben, an dem sie sich austoben können, ohne dass Sie selbst oder andere verletzt werden.

6

Die Angst vor dem Tod verstehen und überwinden

Eine der tiefsten Erkenntnisse im Rahmen meiner langjährigen Therapie im Kampf gegen die Panikattacken war die Einsicht, dass jedwede Angst, egal, wie sie sich darstellt und welches Gesicht sie vordergründig trägt, auf die Todesangst und damit auf die Angst vor der eigenen Sterblichkeit zurückzuführen ist. Angst hat ja generell etwas »Bodenloses«, genau wie die Todesangst. Mithilfe meines Therapeuten konnte ich nach und nach ganz klar sehen, dass meine Panik von der Angst vor Kontrollverlust genährt wurde. Ich hatte buchstäblich Angst zu sterben.

Hinter all dem Lebendigen, das unser Dasein ausmacht, versteckt sich stets die Angst vor dessen Verlust. Wir wissen, dass wir sterben müssen, und wir haben Angst vor dem Unbekannten, das danach auf uns wartet. Egal ob Sie sich also nun vor Spinnen fürchten, an Panikattacken leiden oder schlichtweg Angst vor der Zukunft haben, all diese Ängste entspringen der Angst vor der Unsicherheit und Unberechenbarkeit des Lebens – und damit letztendlich der Angst vor dem Tod.

Im gegenwärtigen Moment verweilen

Alles fließt.

Heraklit

Wir können die Angst vor dem Tod, dem eigenen und dem unserer Liebsten, etwas lindern, indem wir mehr und mehr lernen, uns achtsam im gegenwärtigen Augenblick, im berühmten »Hier und Jetzt« zu verankern. So haben wir selbst im Angesicht des Todes die Wahl, uns für den gegenwärtigen Augenblick zu entscheiden – so wie der alte Zenmeister in der nun folgenden Geschichte.

Der Zenmeister und der Kuchen

Ein alter Zenmeister lag im Sterben. All seine Schüler hatten sich um das Sterbebett versammelt in der Hoffnung, ein paar weise Worte mit auf den Weg zu bekommen, bevor ihr Lehrer für immer seine Augen schließen würde.

Doch der greise Mann lag nur still und friedlich da, lediglich seine Brust hob sich schwer bei jedem Atemzug.
Da trat ein junger Novize schüchtern vor und fragte: »Meister, kann ich dir einen letzten Wunsch erfüllen?«
Der Alte hob mühsam den Kopf und flüsterte: »Ein Stück meines Lieblingskuchens, das würde mir meinen letzten Weg sicher versüßen!«
Das Kloster lag sehr einsam hoch droben in den Bergen, und es gab nur einen Bäcker tief unten im Tal, der den Kuchen backen konnte; keiner der Mönche kannte das Rezept. Zudem herrschte eisiger Winter, alles war meterhoch verschneit. Der junge Mönch würde drei bis vier Tage hin und zurück brauchen. Alle hatten Angst, dass der Meister bis dahin nicht mehr leben würde. Nach einer kurzen Diskussion beschlossen sie aber, das Risiko einzugehen, und schickten den Novizen los, um das Stück Kuchen zu besorgen.
Es vergingen drei Tage, in denen der alte Mann nahezu von Minute zu Minute schwächer wurde. Er sprach kein einziges Wort mehr. Als der junge Mann, völlig außer Atem und vom Schnee bis auf die Knochen durchnässt, mit dem Kuchen zurückkam, ließen ihn seine Mitbrüder sofort zu dem Sterbenden vortreten. Der Novize kniete sich nieder und reichte seinem Meister den Kuchen. Mit zittrigen Fingern nahm dieser die Süßigkeit entgegen und biss ein winziges Stück ab. Seinem Mund entfuhr ein wohliges »Ah«, als er sich erschöpft in die Kissen zurück-

fallen ließ. Genießerisch schloss er die Augen, sein Gesicht leuchtete vor Freude.
»Meister, möchtest du uns nun noch einen letzten Ratschlag mit auf den Weg geben?«, fragte einer der Mönche ehrerbietig. Da öffnete der Alte seine Augen und blickte jeden Einzelnen ein letztes Mal liebevoll an. »Dieser Kuchen schmeckt wunderbar!«, sagte er lächelnd und starb.

Im Angesicht des Todes, der von vielen Menschen im Alltag verdrängt wird, weil er schlichtweg eine solche Bedrohung darstellt, dass wir uns nicht mit ihm beschäftigen können bzw. wollen, können mächtige Ängste frei werden. Der Tod ist die große Unbekannte in unser aller Leben. Er erinnert uns daran, dass wir das Leben nicht unter Kontrolle haben und dass dieses Dasein als Mensch definitiv endlich ist.
So einfach die letzten Worte des sterbenden Zenmeisters auch klingen mögen, in ihnen steckt eine tiefe Weisheit, denn wenn es uns gelingt, in jeder Situation, und sei sie noch so schwer auszuhalten, achtsam im gegenwärtigen Moment zu verweilen, ohne uns in Zukunft oder Vergangenheit zu verlieren, dann verlieren Gefühle wie Angst oder Ohnmacht ihren Schrecken.

Wir mögen in angsteinflößenden Situationen vielleicht gerade nicht unseren Lieblingskuchen zur Hand haben, aber wir können uns zum Beispiel auf unseren Atem oder auf das Singen eines Vogels in den Baumwipfeln vor unserem Fenster konzentrieren und uns dadurch in der Gegenwart verankern.

Freude entwickeln

Der Geist kann sich in tausend
Richtungen zerstreuen,
doch ich gehe in Frieden meinen Weg.
Thich Nhat Hanh

Die Entfaltung von Freude, die solch einfache Momente wie zum Beispiel das Lauschen auf Vogelstimmen bereithalten kann, ist ein unerlässlicher Bestandteil auf unserem Weg zu innerer Freiheit. Wer Freude empfindet, in dessen Herzen ist auch im Angesicht des Todes wenig Platz für Angst und Sorge. Freude ist überhaupt ein wirksames Mittel gegen Ohnmacht und Mutlosigkeit. Der Buddha sah in der Freude, die nicht nur alleine auf sich selbst bezogen ist, eines der wichtigsten »Tore zum Erwachen«. Wenn wir lernen, unser Herz durch

Wertschätzung und Mitfreude zu öffnen, dann verbinden wir uns wieder mit der Welt um uns herum – und fühlen uns nicht mehr alleine. Wenn wir uns angesichts des allgegenwärtigen Todes, aber auch des Leidens an sich auf dieser Welt überwältigt fühlen, dann können uns Freude und Mitfreude dabei helfen, einen offenen, freien und dennoch mitfühlenden Geist zu bewahren.

Es mag seltsam anmuten, sich in Bezug auf Sterben und Tod auf die Freude zu besinnen, denn es ist nun mal sehr traurig, wenn ein naher Angehöriger oder ein Freund stirbt, und es ist auch für sehr viele von uns äußerst beängstigend, sich mit der eigenen Sterblichkeit konfrontiert zu sehen. Wir schieben dieses Thema in der Regel weit weg, dabei wissen wir tief in uns, dass es ohne den Tod auch kein Leben geben würde.

Keiner bleibt von Sterben und Tod verschont. Wenn wir aber damit beginnen, die Schönheit in der Vergänglichkeit zu sehen, und uns daran erfreuen, dann wird es leichter, mit dem Leiden rund um diese letzte große Reise, die für jeden von uns eines Tages ansteht, umzugehen.

Halten Sie im Alltag nach Freude und Mitfreude Ausschau: Sei es der glückliche Moment eines Freundes, das Lachen eines Kindes, der Duft einer frisch erblühten Rose oder eine zärtliche Berührung.

ÜBUNG

In der Vergänglichkeit Frieden finden

Für diese letzte Übung braucht es schon ein bisschen Mut, aber den haben wir ja gemeinsam auf den vorhergehenden Seiten gestärkt. Lesen Sie sich den nachstehenden Text zunächst einmal zur Gänze durch und betrachten Sie die Übung als Kontemplation, die Sie sich auch später immer wieder ins Gedächtnis rufen können, um darüber nachzusinnen und das Gefühl des »friedvollen Loslassens«, das damit einhergehen kann, zu vertiefen.

Vergegenwärtigen Sie sich nun die Erde, auf der wir leben, wie sie da still und blau im Weltall schwebt. Millionen von Menschen bevölkern ihre Oberfläche, ganz zu schweigen von den unzähligen – sichtbaren oder für unser Auge unsichtbaren – Lebewesen in der Tier- und Pflanzenwelt.

Rufen Sie sich dann berühmte Menschen der Geschichte ins Gedächtnis, die bereits gestorben sind: große Könige und Herrscher, wie den Ägypter Tutanchamun oder die englische Königin Elisabeth I., die ihr ernormes Reich mit weiser Hand regiert hat. Sie haben Großes vollbracht und sind gestorben. Denken Sie an ausgestorbene Völker und Tierarten. Sie alle waren einmal da, haben gelebt und sind nun für immer vom Antlitz der Erde verschwunden. Große Künstler: Leonardo da Vinci, Michelangelo, Picasso, Camille Claudel – gestorben; nur ihre Kunstwerke erinnern im Moment noch an sie. Doch wie lange noch? Berühmte Forscher und Entdecker, wie Marco Polo oder Christoph Kolumbus – tot.

Ja, selbst scheinbar unveränderbare Landschaften »sterben« bzw. verändern langsam, aber stetig ihr Gesicht. Wind, Regen und Naturkatastrophen schleifen Berggipfel ab, verändern Küstenlinien. Pole und Gletscher schmelzen und Pflanzen sterben.

Altes stirbt, Neues wird geboren.

Richten Sie nun im zweiten Schritt Ihre Aufmerksamkeit auf die Ahnen Ihrer eigenen Familie, egal ob Sie sie nun bildlich vor Augen haben oder nicht. Diese lange Reihe von Menschen, Männern und Frauen, an deren Ende Sie selbst – und vielleicht auch schon Ihre Kinder – stehen. Geburten und Tode über Jahrhunderte hinweg. Lebens- und Liebesgeschichten, Dramen und Tragödien – alles bereits vergangen und in Vergessenheit geraten. Was würde aus unserer Welt werden, wenn niemand stürbe? Wir hätten keinen Platz mehr zum Leben.

Im dritten und letzten Schritt machen Sie sich nun klar,

dass auch Sie selbst diesem Kreislauf unterworfen sind. Wir sind eine Zeit lang da – und dann verschwinden wir wieder. Wir machen Platz für die nachfolgenden Generationen und sind, genau wie alle, die vor uns gingen und nach uns gehen werden, in den großen Kreislauf von Geburt und Tod eingebettet. Nichts und niemand bleibt ewig, und darin liegt die Schönheit des Lebens.

Alles verändert sich – nichts bleibt ewig:
kein Gefühl, keine Erfahrung, kein Lebewesen.
In der Vergänglichkeit liegt die Schönheit des Lebens.

Zum Abschluss

Ich möchte mich bei Ihnen dafür bedanken, dass Sie mir Ihr Vertrauen geschenkt und mithilfe dieses kleinen Büchleins den Mut gefasst haben, Ihren Ängsten liebevoll und achtsam zu begegnen. Ich weiß aus eigener Erfahrung, wie schwer es ist, diesen Ängsten zu begegnen, will man sie doch einfach nur weg haben und sie buchstäblich dorthin schicken, wo der Pfeffer wächst. Es gehört unendlich viel Kraft und unfassbar viel Mut dazu, sich diesen starken, dunklen Kräften zu stellen, ohne gleich schreiend davonzulaufen.

Ich wünsche Ihnen von ganzem Herzen, dass Ihre Ängste verschwinden und dass das bunte Leben wieder Einzug in Ihren Alltag hält. Ich bitte Sie, auf Ihrem Weg aus der Angst geduldig zu sein und achtsam dranzubleiben – bei mir hat es auch ein bisschen gedauert, bis Licht am Horizont erschien.

Geben Sie nicht auf! Es lohnt sich! Scheuen Sie sich nicht, bei Bedarf auch professionelle Hilfe zu suchen, und denken Sie dabei daran, dass so viele Menschen heimlich und still unter ihren Ängsten leiden, ohne sich jemals jemandem anzuvertrauen. Werden Sie ein Vorbild und ein Licht für diese Menschen, das wird auch Ihnen die Kraft geben, weiterzugehen.

Ihre
Susanne Seethaler

Danke

Ich danke meinem ehemaligen Therapeuten Dr. Egon Fabian und meinen Lehrern Thich Nhat Hanh, Renate Seifarth und Sri Mooji Baba.

Verzeichnis der Übungen

Verzeichnis der Geschichten

Zum Weiterlesen

Chödrön, Pema: *Wenn alles zusammenbricht: Hilfestellung für schwierige Zeiten*, Goldmann: München 2001

Fabian, Egon: *Anatomie der Angst: Ängste annehmen und an ihnen wachsen*, Klett-Cotta: Stuttgart 2012

Iding, Doris: *Die Angst, der Buddha und ich*, Nymphenburger: München 2013

Thich Nhat Hanh: *Der furchtlose Buddha: Was uns durch die Angst trägt*, Arkana: München 2013

Seethaler, Susanne: *Das Mädchen im rosafarbenen Kleid: Meine Geschichte der Angst und ihrer Heilung*, Nymphenburger: München 2013

ISBN 978-3-95803-077-0

ISBN 978-3-95803-075-6

ISBN 978-3-95803-044-2

ISBN 978-3-95803-076-3

Alle Bände: 96 Seiten, Klappenbroschur,
Durchgehend vierfarbig mit zahlreichen Fotos und Illustrationen

Lebenshilfe auf den Punkt gebracht

Achtsamkeit hilft uns, mit den Herausforderungen des Lebens geschickter umzugehen – und dabei die kleinen Freuden des gegenwärtigen Augenblicks aus vollem Herzen zu genießen. Die kompakten Pocketguides bieten einen unkomplizierten Einstieg: Eine Fülle an Übungen und Impulsen zeigt, wie sich Achtsamkeit konkret im Alltag umsetzen lässt.

ISBN 978-3-95803-080-0

ISBN 978-3-95803-007-7

ISBN 978-3-95803-047-3

ISBN 978-3-943416-92-3

Weitere erfolgreiche Titel aus der Reihe »Achtsam leben«

»Das größte aller Wunder ist es,
lebendig zu sein. Achtsamkeit ermöglicht uns,
dieses Wunder zu berühren.«

Thich Nhat Hanh

Mehr über unsere Bücher unter www.scorpio-verlag.de

ISBN 978-3-95803-029-9

ISBN 978-3-95803-032-9

ISBN 978-3-95803-095-4

ISBN 978-3-95803-046-6

ISBN 978-3-95803-008-4

ISBN 978-3-95803-104-3

ISBN 978-3-95803-030-5

ISBN 978-3-95803-009-1

ISBN 978-3-95803-089-3

ISBN 978-3-943416-94-7